U0587030

最热的

26

种宝贝才艺 培养全书

—— 0岁起步的才艺培养实用指南

钢琴、绘画、舞蹈、小提琴、唱歌、古筝、跆拳道、游泳、轮滑、书法、英语……

一个都不少!

主编 **父母必读** 徐凡

北京出版社 出版集团
BEIJING PUBLISHING HOUSE (GROUP)

北 京 出 版 社

丛书主编 杜迺芳

本书主编 徐凡

执笔（按姓氏笔画排序）

王安娜 石鑫 成君霞 冰泉 刘嘉树 李泳 李琴 张海龙 张梅玲 林菁菁 贺大钧 段庆峰
胡晓珮 桂卫红 高桥雅江 郭晓锋 徐理毅 黄世勋 景凌羽 彭丽 颜晓敏

鸣谢专家（按姓氏笔画排序）

许小冬 北京体育大学运动心理学教授

李文馥 中国科学院心理研究所研究员

陈 萍 北京大学心理系博士

张梅玲 中国科学院心理研究所研究员

周晓林 北京大学脑科学与认知科学中心主任

林菁菁 职业艺术家

贺大钧 儿童小提琴教育家

胡晓珮 儿童美术理论家

高桥雅江 日本钢琴教育家

黄世勋 儿童体育专家

鸣谢合作机构

北京巨人学校幼教中心

北京学生活动管理中心（北京市少年宫）

北京市什刹海体育运动学校

目 录

目 录

目 录

第3章 才艺培养5堂必修课+26堂选修课

目 录

多才多艺 快乐成长

余心言

每一个孩子在童年时代，几乎都会表现出多方面的兴趣和才能。例如唱歌、跳舞、绘画、书法、演奏、手工、体育、竞技、记忆等等，这些才艺的展示和学习，充实了孩子生活的内容，也给家长带来惊喜、欢乐和期望。许多家庭都在为如何发展和培养孩子的才艺操心。在孩子学习才艺的过程中，又往往不可避免地产生许多矛盾和苦恼。怎样认识和对待孩子才艺的学习和培养，是千家万户必须面对而无法回避的问题。

人来到世界，实际上需要完成的就是两大任务：认识世界和改造世界。改造世界，才能创造自己的幸福生活，认识世界才能改造世界。儿童时期是人生的预备时期。他从出生开始，就不断地运用自己的眼、耳、鼻、舌、身来接触外部世界，感知外部世界，并且用自己的行为作用于外部世界，从而来丰富对外部世界的认识和把握。他们的这种行为，主要采取游戏的形式。正是在这些游戏中，展示和发展了自己的才艺，实现自己的人生准备。

从这个意义上看，儿童的才艺展示和学习，是儿童认知规律和成长规律的要求，把握得好，对孩子一生的成长至关重要，决不应当掉以轻心。

我在这里并不是说，如果忽视了对孩子才艺的培养，可能会扼杀某一位伟大的艺术家、世界冠军。这样的可能性当然也有，而且实在是太可惜了。但是这机会毕竟连百分之一都不到。当然，确实有一部分孩子某种才艺的天赋可能因早期的培育得到发展，以后有机会受到专业的教育，成为某一方面的杰出人才。我是说，对于绝大部分没有这样机会的孩子，童年时的才艺培育对于他们一生的成功，同样是至关重要的。

他将从童年的才艺展示和学习过程中多侧面、多层次地认识这个世界并且发展自己的认识世界的能力。他将更加敏锐地感知方位、感知明暗、感知色彩的对比和协调；他将更加敏锐地感知自己身体各个部位的功能、力量和极限；他将更善于发现美、理解美、享受美；他将具有越来越强的交往能力、理解能力和表现能力；他将具有越来越多的实践能力、操作能力和更强烈的实践欲望；他将在一次又一次通向成功的过程中，享受成功的快乐，体会战胜困难的快乐，掌握走向成功之路的诀窍；他将更加善于学习，也更加善于实践；他将培养起自己健康的情趣与情操，而这一切都有助于抵抗人生道路上必然会面临的种种诱惑。这一切都将使他终身受益。而这一切的获得不是任何说教可以代替的。

重要的是，要按照儿童成长的规律，从儿童的实际出发，去认真对待儿童才艺学习的问题。要细心地照料、关注、保护儿童的兴趣。不要把额外的要求强加给孩子，最后挫伤了孩子的积极性，走到良好愿望的反面。

我希望这本小书中所讲的经验和指出的误区能被广大对孩子满怀期望的家长所掌握。

愿天下的孩子多才多艺，快乐成长。

第①章

父母最关注的才艺培养 5 大话题

本章摄影支持/北京巨人学校幼教中心
摄影/权五民 等

才艺培养的6大益处

益处1 提高感官的灵敏度，高效捕捉这个世界的信息

学乐器前，孩子先被声音打动，为了也去创造那美妙的声音，孩子的耳朵会越来越灵敏；斑斓的色彩诱惑孩子拿起了笔，为了让笔下色与形的变化达到自己的预期，孩子的眼睛会变得更挑剔；一次次观察球的飞来与飞去，一次次体会动作与效果之间的关系，无论是欣赏还是练习，任何一种才艺学习，都会让孩子的感官分辨得越来越精细。

益处2 提高动作的灵活与协调，更好地发挥生命活力

用进废退，是生存的法则，人的肢体也不例外。学吹奏，不仅在练指法，还在练手与口的配合；学武术，不仅强身健体，更让人的动作变得灵活与协调；舞蹈与提琴，同样需要体力的付出、全身的平衡；绘画与书法，静息中，腕与臂的操控会越来越准确流畅。

在反复的练习中，孩子的身体会越来越强壮，身体各部分的配合也会越来越协调，流畅。

益处3 学会交流，学会学习

才艺学习首先要会听：

听老师传授——孩子在学习专心；听老师表扬——孩子体会到认同；听老师批评——孩子感受到挫折，也看到方向。

才艺学习同时也要会表达：

提出问题，老师会调整授课的进程，给孩子更适合的指导；展示才艺，老师会看到自己的教学成果，和孩子一起开心；和同伴切磋，孩子会更清楚自己在同伴中的位置，体会竞争，也体会友谊。

益处4 体验克服困难，学会坚持

每条才艺之路，都充满了诱惑，也充满了坎坷。有探索的成就，也有失败的挫折。孩子可能会因不感兴趣、时间不够、经费不足、师资不好而退出，却最好不要因为某个难关过不去而放弃。每迈过一个坎，孩子收获的都不仅仅是才艺，还会积累一些更可贵的东西：顽　　强、坚持、对自己能力的自信与成就感。

益处5 生存之路多乐趣

每一种才艺学习，都给了孩子一种欣赏美的眼光，一种创造美的能力。于是，紧张后，他可以沉浸在自己的艺术活动中，让学习和工作的压力得以缓解；悠闲中，他的娱乐可以在更高的水平上展开，玩出更多创意、玩出更多乐趣。

益处6 生存之路更宽广

掌握了某种才艺，孩子也多了一种为他人服务的能力，但这种能力是否在未来能直接用上，不是我们今天能预料或控制的。但当我们把一个耳聪目明、身体健康、善于学习、善于交流又不怕挫折的孩子带给未来，我们知道，这是在为他走好自己的路加油。

（徐凡）

二、培养孩子才艺最该遵循的6大法则

法则1 理清让孩子学艺的根本目的，遇到问题反思修正

据《父母必读》杂志调查，父母让孩子学艺的目的，排在第一位的是希望才艺成为孩子终生的朋友，提高素养，增强体质，增加生活乐趣。由此看出，大多数父母都理解并认同才艺培养的根本目的是为了能够让孩子生活得更加丰富快乐，改善生活质量。

现实生活中怎样呢？"不少父母将孩子的音乐学习都赋予了参与社会竞争的色彩，过高、过广地估计才艺对促进智力和人格发展等方面的作用，并且认为，孩子的一切活动，都必须有助于在未来的社会竞争中获得优势，否则就是浪费时间。"周海宏教授在《父母必读》杂志专题刊《音乐启蒙哆，咪，咪》中如是说。

父母若因此过于看中技巧、进度、盲目攀比或单纯追求考级、特长，则完全与初衷背道而驰，不仅无益，反而有害。

学习才艺的过程中，常会遇到孩子闹情绪不愿练习，或进步不明显等具体问题，这时父母的态度非常重要。比起发火、唠叨，更重要的是冷静下来，思考一下自己的做法与让孩子学习才艺的初衷是否一致。时刻牢记才艺培养的长远目标，就能找到与孩子沟通的有效路径和应对问题的巧妙方法。

就像一艘船在航行前，首先要明确目的地的港湾，航行途中最重要的就是及时校正航线以保证不偏离，否则只追求船速，很容易导致迷航，最终离港湾越来越远。

模特宝宝：王映初

法则2　有意识地创设激发孩子兴趣的环境

如果你希望孩子喜欢音乐，那么最好让孩子尽可能多接触音乐：家里常播放好听的音乐，看内涵美好的电视节目或电影，听音乐会，买关于音乐的书籍，结交懂音乐、爱音乐的朋友，更重要的是，父母自己喜欢音乐，和孩子一起享受音乐之美。

周末和节假日，与孩子一起进商店、逛公园，或到树林里散步，留心孩子感兴趣的商品、书籍、景物等。此外，还可以跟孩子一起写字、画画、读书、做纸工、修理日用品、做家务……在与孩子共同活动中，孩子的兴趣和爱好便会表现出来，你能及时地观察到。

孩子学习才艺的过程中，父母积极给孩子表现和展示成绩和能力的机会也很重要。例如用孩子的画装饰房间，给孩子开"个人演奏会"，让愿意表演的孩子在亲戚朋友或小伙伴面前展现自己学到的本领……其实不需要过多的赞美，**擅长才艺本身能够给孩子带来某种自豪感、荣誉感，能够获得同伴的羡慕、尊敬，让孩子感觉到自己的能力和贡献，就是对他的巨大鼓舞。**这种才艺学习可能带来的外界环境的收益能对孩子坚持学习形成很大的吸引力，这种吸引力能促进孩子有较强、较稳定、持久的学习积极性。

法则3　兴趣，是让孩子学得起劲、长久的最大动力

爱学比学好重要，心情比进度重要。美国教育家杜威认为，对于教育者来说，最重要的是经常细心地观察儿童的兴趣："成年人只有通过对儿童不断的观察，才能够进入儿童的生活里面，才能知道他要做什么，用什么教材才能使他工作得最起劲、最有成效。"

要引导孩子学习才艺，先应了解孩子兴趣的特点。

很多孩子的兴趣就像他们的胃一样，生来就已经准备好接受各种各样的"食物"。但仔细想来，大多数孩子的大多数"兴趣"，最初都只是一种好奇。好奇是孩子的天性。让孩子多接触、了解、尝试各种学习才艺的机会，通过尝试，孩子最终会知道围棋、美术和跆拳道都是怎么一回事，也能认识到它们是否适合自己，自己是否真正喜欢、擅长，由此达到自我认知。这有利于帮助孩子发现自己真正的兴趣。当孩子有了对音乐、美术或体育运动的兴趣，积累了对学习才艺必要性的认识，孩子对自己未来的理想，以及业已形成

的才艺学习的习惯等，就会发自内心地有了主动学习才艺的愿望和要求。这种动力是相当稳定、持久的，是才艺学习中最理想的动机状态。

法则4　引导孩子享受自己的能力，体验其中的快乐

乐在其中，这恐怕是学习的最高境界。无论是音乐、美术、英语、游泳、舞蹈，还是下棋、武术、书法，父母都要逐渐把孩子的乐趣引向活动本身。比如，音乐和舞蹈中美的体验，武术和游泳中驾驭自己身体的快感，美术和书法中妙手偶得的乐趣……如能进入这样的境界，这种兴趣和技能将会伴随孩子终身，给他的一生带来快乐和幸福。

这就需要父母给孩子选择才艺爱好之前，先问自己：我是不是从内心喜欢这项才艺爱好或者能从中得到快乐？我会不会和老师一起引领孩子进入美好的才艺世界？我们会不会因为孩子学业紧张就半途而废？父母是不是也真心喜欢并享受到其中的快乐，是孩子能否真的乐在其中的一个决定性的因素，这种喜欢的背后不能隐藏着望子成龙或者升学加分的功利心。如果父母在陪伴孩子学习某项才艺时，充满童心，享受其中，孩子无疑会受到巨大的激励，父母欣赏的态度可能说比一千句督促的话都管用。例如，当孩子把一首曲子弹得更顺畅时，妈妈发自内心的欣赏与称赞，会让孩子更加兴奋，自然愿意继续学下去。但反过来，若让孩子学习才艺是为了给孩子增加升学的筹码，你听孩子练习时，眼睛里就会只盯着孩子的各种问题，总是批评唠叨，这会让孩子的自信心受到打击，往往不会坚持练下去，更不用说真正体会到才艺学习的乐趣。

模特宝宝：石榴

法则5　学艺过程中与孩子保持良好的交流

"你怎么搞的，这段都练了这么多遍了，怎么还出错？""快好好练！用心点！""再有两次课游泳班就结束了，你怎么收、翻、蹬、夹还不到位？"无论是学习钢琴还是游泳，常常听到父母类似的批评。孩子学艺过程中，出错、退步或不愿继续学下去等现象是很正常的。父母首先应调整好心态，设身处地站在孩子的立场想一想，如果一味批评责备甚至采取高压政策，只会引起孩子更强的逆反情绪。如果条件允许，父母最好能陪孩子一起去上几次课，以便能感受一下孩子学习的难度和付出，观察孩子的表现，与老师建立交流，及时发现孩子遇到的困难和情绪上的波动。当注意到孩子有畏难或厌倦的情绪，要多找机会与孩子沟通：是否难度过大或进度过快？还是不习惯老师的教学方法？或者不适应新的环境？了解了孩子遇到的问题和他的心情状况，才能有针对性地帮助孩子面对和解决。

如果无论孩子遇到什么挫折，父母都应以充满欣赏的态度加以鼓励，同时对他的不足之处耐心而慎重地给予提醒。孩子有了学习才艺的主动性，才有了把才艺坚持下去的最持久的动力。

法则6 设定的目标要让孩子看得见、够得着

给孩子定的目标既要有一定的难度和挑战性，又要让孩子经过努力可以达到，才能引发孩子学习的兴趣。如果目标设定得过高，或实现起来时间太长，孩子很难具体地感知和把握，自然就会影响他努力的积极性。

无论学习何种才艺项目，都会遇到如何让孩子坚持练习的问题。孩子，可能会找各种各样的理由逃避或

者拖延练习时间，这都是正常的现象。对孩子，可以不单纯用时间作为限制，而是与孩子商定当天把那段乐曲拉好或把那个运动动作练习好。通过这样设立一个个有些难度但孩子有可能达到的小目标，孩子能更直观地体会努力与目标的关系，体会到成就感。这有利于孩子坚持才艺学习并享受才艺所带来的乐趣。

三、孩子学艺途中最常见的5大问题

问题1 孩子总不主动练习

困扰父母最多的，就是孩子不主动练习。

才艺的掌握，确实不是一蹴而就的，需要反复练习，动作才能连贯，技能才会娴熟，表达也才会自如。

然而为了掌握基本功，反复练习的过程大多枯燥辛苦，同时，孩子在练习过程中制造的成果又往往不具备最初诱惑孩子来学的美。如果孩子感受到的总是噪音与失败，孩子练习的积极性当然受挫。

开始学习才艺以后，老师们往往反复强调天天练习的必要性。养成这种习惯固然好，但需要父母付出时间和精力。下面几点也许能够帮助孩子和父母共同走过这一关：

1. **别奢望** 只有非常感兴趣的事情，孩子才会主动想做，所以在形成按时练琴的习惯之前，父母不要对孩子的"主动练习"抱太高奢望。因为枯燥的重复，

加上反复失败的体验，很难让孩子主动。在相当一段时间里，父母的到时提醒和适度督促恐怕都是不可少的。

2. **小步子** 以学琴为例，如果曲目较长，其中又充满难关，就把需要练习的曲子切短，而让孩子体验到练习的效果。

3. **看成绩** 父母别把眼睛都盯在孩子的错误上，而是关注孩子错误的减少，成功部分的增加，强化孩子的成就感。

4. **多欣赏** 让孩子既有机会欣赏到高手的杰作，又有机会观看同龄人的表演和练习。在充满激情的环境下，孩子的练习热情也容易被调动起来。

5. **允许停** 当你发现如果再坚持练下去，孩子有可能讨厌某种才艺，父母最好在孩子明确表达之前主动暂停孩子的练习，变练习时间为艺术欣赏时间，或者和老师沟通，把学习的步伐暂时放慢。和是否坚持练习相比，孩子对艺术的喜爱和欣赏更为重要。没有了这个基础，即使技术有了进步，艺术的表达也不会鲜活生动。 （徐凡）

问题2 孩子练习才艺总出错

无论孩子学习何种才艺，都经常会出错，有时甚至一错再错，孩子正是在这个过程中进步成长的。当孩子老是犯同一个错误，"屡教不改"时，父母往往就坐不住了。其实，无论是拉琴还是练习舞蹈动作，都需要孩子的大脑紧张而快速地运转，而孩子的注意力有限，大脑处理信息的能力也有限，在出错的一瞬间，他可能根本腾不出脑子来注意这个错误。若每次父母都批评、呵斥，只会使问题更加严重。

孩子学习美术和体育运动都会面临同样的问题。如果你总是一味责怪，孩子很可能说："你来试试！"请不要生气。因为成人的控制力不仅不比一个孩子好，反而可能更糟。试一下，你就会知道有多难，就会对孩子多一分理解和耐心，而不会动辄责备孩子不用心、老出错。

问题3 时间很紧张

快节奏的生活也确实让我们觉得身不由己。关键的是父母是否有陪伴孩子的愿望。在亲子共处的时间内，共同体验，对孩子和父母都是一种满足，这印象将一直铭刻在孩子心里，并将发展为人际交流的纽带。有时候，我们是否有时间做某件事，和我们对生活的理解、对这件事的理解有关。

时间紧张，有时是计划不周造成的。如果让一个五六岁的孩子，围棋、钢琴、画画、英语、表演、科技制作等兴趣班轮番上阵，不仅孩子，大人都会忙晕。更令人担心的是还会侵占了孩子疯跑、踢球和接触大自然的时间，而连轴转的孩子究竟能从兴趣班中获益多少，也值得分析。

另外，孩子课下练习时，比起注重练习多长时间，更应该看重练习的效率。有的父母约定每天陪孩子练习1个小时，但扣除孩子喝水、上厕所、心不在焉的时间，往往至多集中精神练习20分钟，于是父母为此生气、着急并埋怨。其实，作为兴趣，如果孩子每天能高效地练习20分钟，是很值得欣慰的。比起设定固定长短的练习时间，父母还可以和孩子商量"今天练习哪一段乐谱"或"掌握哪一个体育动作"，每天这样设定目标去努力，能激发孩子提高效率，早练好早结束，避免孩子心不在焉地熬时间，父母也就不会总为没练满某个时间段而焦虑。提高了练习效率，能从根本上缓解时间紧张的问题。

问题4 孩子怕受批评，自尊心容易受伤

当孩子学习才艺的过程中，总出错、显出畏难情绪或表现得心不在焉时，父母最常见的话是："这孩子，平时还听话，怎么一学琴就出错，而且怎么说也不改！""朋朋和你一起开始学跆拳道，现在，人家都3级了。"这样的批评不仅无效，还会大大破坏孩子学习才艺的情绪。如果父母期望过高，老师要求过于严格，批评和唠叨总是回响在孩子耳边，孩子的自尊心的确会受伤。孩子的自尊心，也就是孩子对自己的总体感觉以及给别人的印象，是在早期形成的。虽然孩子的这种自我评价是内在的，但在才艺学习过程中父母、老师和周围人的态度无意中会对他树立自尊心产生重大影响。孩子良好的自尊心来自于父母、老师对他的尊重和信任，来自他的想法、感受和意见有人愿意倾听，来自有机会证明他的才艺的每一点进步和能力。孩子学习才艺的过程中，父母和老师要牢记，培养孩子才艺的长远目标是让才艺成为孩子终生的朋友，提高素养，增强体质并增加生活乐趣。只有这样，我们才能冷静下来，从孩子的错误和失败中找到帮助孩子进步的契机。

问题5 三分钟热度，不能坚持

如今，父母都比较尊重孩子的选择，选择兴趣班一般都让孩子发表意见。但也有不少父母很苦恼，孩子才五六岁，各种兴趣班几乎都轮了一遍，已经淘汰掉钢琴、美术、舞蹈和珠心算等一系列"不感兴趣"的项目，却还没有找到他的兴趣所在。

孩子兴趣不稳定，常常是朝云暮雨，前些日子还很感兴趣的东西，现在已经被扔到了一边，让位给其他事物了。同时他也容易受到周围小伙伴的影响，随着同伴的兴趣而发生改变。这些都和孩子的能力和心理发展特点有很大关系，很正常。

所以当孩子学某项才艺，一段时间后就说他"不感兴趣"了，爸爸妈妈需要听听这话的弦外之音。常见的原因有：学到有一定难度的时候，孩子初学时的热情往往会被困难吓退；练习占用了孩子玩耍的时间，于是他厌烦了枯燥的练习；孩子没有进步，缺乏成就感……当然，也有可能是他真的不感兴趣了。

孩子学习才艺最常见的几大问题中，能否坚持学下来是最令父母殚精竭虑的。父母要分析孩子"不感兴趣"的原因，表态要慎重，不要轻言放弃，要想办法维持和重新激发他的兴趣。也许，调整一下进度，换一种练习方式，让孩子体验到一次成功，他的兴趣就会重新点燃。而且，他会由此学到一种对待学习的态度和解决问题的技巧。

模特宝宝：王馨怡

四、父母最容易陷入的5大误区

误区1 孩子有天赋，才能学才艺

正确观点： 只要孩子没有生理缺陷，智力发展正常，都可以学习才艺。

"这孩子手的条件能不能学琴？""老师您给孩子鉴定鉴定，他有没有学乒乓的天分？""我女儿是学画的材料吗？"

很多父母在考虑要不要让孩子学艺的时候，总要问这一类的问题。言外之意是：无论学习何种才艺，都是需要很高的天赋和特殊的条件的。这里有不小的误解。

无论是手的条件还是音乐才能方面的条件，对孩子的制约都不在于能不能学琴，而在于能学到什么程度。

学习其他才艺也是一样的道理。只有当父母希望孩子成为职业演奏家、专业画家或专业运动员时，才需要考虑有没有音乐、美术或运动的特殊天赋的问题。如果仅仅把学习才艺当作业余爱好，那么大多数人都有条件学。

针对本书介绍的才艺项目来说，大多数孩子都有掌握这些才艺的潜力。因此在选择才艺项目或兴趣班时，孩子是否具有这方面的特殊天赋并不是必要条件，重要的是他是不是健康和快乐，这常常决定了他能否坚持、学习效率高不高、能否有长远发展。

中央音乐学院周海宏教授认为：孩子学习乐器的必要条件是兴趣和环境。如果孩子喜欢学琴，他就会主动、积极地练习；如果老师和父母能够善于引导孩子的兴趣，让他保持下去，并且想办法让孩子不断产生新的、更浓厚的兴趣，孩子就能成功地学下来，并且取得一定的成绩。孩子的兴趣会受到环境的潜移默化的影响。

这一观点同样适用于其他才艺培养，如果孩子的生活中充满音乐、美术的元素，他的周围有不少人学琴、爱画、勤于运动，并把学习才艺当作一种愉悦的精神体验，那么孩子的乐趣会在不知不觉中慢慢增长。

误区2 越早培养越好

正确观点： 任何学习，和孩子的生理成熟度相匹配，才能达到较好的效果和较高的效率。

我们主张，在早期，就给孩子一个能够享受艺术之美的环境。但这并不意味着要让孩子从很小就开始学习表演什么。任何学习，都要和孩子的生理成熟度相匹配，才能产生较好的效果和较高的效率。

比如管乐，需要孩子有一定的肺活量才能吹奏；弦乐，需要孩子有一定的身高才能操控得了；而所有的才艺，几乎都需要孩子有一定的体力才能坚持，需要孩子有一定的理解力才能进步得快。

另外，学得太早，由于要付出比大孩子更多的时间，于是孩子自由探索、玩耍的时间就有可能被挤占，不利于孩子能力的拓展，也不利于让孩子发现自己真正的兴趣。

（徐凡）

误区3　不吃苦怎么练得出来

正确观点：应抱着欣赏的态度，支持孩子的点滴进步。

从幼儿阶段开始学习的才艺，大多需要父母的参与，陪伴孩子度过那些枯燥的、辛苦的练习关，最终坚持下来。

但是，父母是抱着认定这是一件苦差事，需要严格督促的态度，还是抱着对这种才艺欣赏的态度，去支持孩子的点滴进步，不仅会让孩子感受到的苦与乐很不同，而且还会让亲子之间的关系有很大的不同。

父母可以做时间提醒器，而不宜做错误的侦察兵；

父母可以做难题的拆分者，而不宜做技术的指导专家；

父母可以做苦、乐的分享者，而不宜做严厉的管理者；

父母可以做孩子和老师之间的沟通者，而不宜做老师的代言人。

父母找到了自己的位置，孩子才能真正成为学习才艺的主人。一定要记住，只有学习才艺成为孩子自己的事情时，主动学习才会出现

（徐凡）

误区4　培养的才艺项目越多，对孩子成长越有益处

正确观点：孩子同时需要学习的规定项目太多，结果可能并不乐观。

精和广，常常是相互矛盾的。每种才艺，都需要一定时间地练习才能掌握，如果孩子同时需要学习的规定项目太多，结果可能并不乐观：

首先，如果所选项目超出了孩子的能力范围，他就可能哪个项目学得都不精，到一定时候，孩子会因跟不上进度，或感觉不到进步而产生挫败感。

其次，真正兴趣的发展，需要有充分的自主探索的时间和环境的支持，需要伴随发现的快乐。如果孩子的时间被多个规定项目所占满，而这些项目又都是以传授知识和技能为主的，孩子就无法进行自由探索和玩耍，更无从体验发现的快乐。这不仅不利于孩子能力的拓展，也不利于让孩子找到自己真正的兴趣。

所以，当孩子表示对许多事情都感兴趣的时候，父母的选择就更为重要：可以把以纯技术传承的和有更多创意空间的才艺一起来学，把需要更多精细动作和需要更多肢体动作的才艺学习相搭配。但无论怎么选，都要以孩子的实际承受能力为依据，不要让这些学习成为孩子的沉重负担。

（徐凡）

模特宝宝：赵笑骏

误区5 技法高于一切

正确观点：如果是作为兴趣爱好让孩子学习，应该适当把技巧放在次要位置。

兴趣和技法是相辅相成的，一定的技法会让兴趣更持久。小提琴，只有持琴、运弓姿势正确，技巧娴熟才能拉出来好听的乐曲，孩子也就能更多地得到满足感并获得他人的认同。同样，不掌握一定的绘画技法，孩子就难以把他的想法和情感表达到画纸上。

可是，当"指尖！指尖！注意指尖""手腕别拱""注意挥拍姿势""轮滑的姿势不对，注意重心，别忘了弓箭步的要领"等类似的提醒、呵斥，总是回响在孩子耳边时，不仅孩子很难听从，原本向往学习钢琴、乒乓球或轮滑的兴趣，也在这些指令、责备声中消磨殆尽，更严重的是孩子将丢失最宝贵的学习的动力。

无论是体育、音乐还是美术，作为兴趣学习的需求和市场在中国刚刚起步，老师和父母都不太清楚该把握的尺度和引导的要领。在父母眼里无论是学习钢琴还是轮滑，完美无缺地做到老师强调的技巧，成了最硬的标准，有了完美的技巧就有了一切。否则，即便是孩子兴高采烈地弹奏着喜爱的乐曲或滑着轮滑快乐地逐着小伙伴，也不作数。

对时下各种各样的儿童课外体育兴趣班，著名儿童体育教育家黄世勋先生抱着深深的忧虑，他认为儿童体育的目标不应是用严格的、高强度的训练来让孩子掌握规范的动作，因为这样就可能会丢掉其他更重要的目标，甚至牺牲孩子的健康发展。所以父母选择体育才艺项目，首先要看是否适合孩子特点，还要看这些体育班上让孩子学什么、练什么、怎么练。音乐、美术也是相通的，中央音乐学院周海宏教授曾对中国琴童

下过三个断言，其中之一就是"中国的孩子学乐器太苦太认真了"，这句话反映了中国琴童的现状。的确，很多学琴孩子的父母和老师，都在舍本求末地认为技法高于一切，每天总盯着孩子苦练技法。而学琴的初衷——享受音乐，丰富生活情趣，早被忘记了。

孩子学艺过程中，保持兴趣和良好心情很重要，父母最应该重视的是怎样让孩子从中获得快乐，坚持下去。如果是作为兴趣爱好让孩子学习，应该适当把技巧放在次要位置。

五、父母最关注的10种才艺项目大排行

2007年10月父母必读育儿网进行了网上抽样小调查，结果显示父母最关注的10种才艺排行如下：

	第1名 钢琴		第6名 轮滑
	第2名 儿童绘画		第7名 古筝
	第3名 儿童舞蹈		第8名 跆拳道
	第4名 童声歌唱		第9名 小提琴
	第5名 游泳		第10名 书法

关注点1 人气之王——钢琴

钢琴排名第1，成为孩子才艺学习的"人气之王"。作为键盘乐器，钢琴能让孩子较直观全面地学到音乐的基本元素，并被父母寄托了让"智慧升温"和"提高素质"的殷切希望。但钢琴个头大，价格高，请进门后，一旦孩子学琴路上出现兴趣降温或厌倦练习的情况，何去何从，父母抉择时伴随的压力也相当大。钢琴是否是孩子的最佳选择？保持孩子兴趣有什么妙招？最该避免的误区是什么？书中都会找到贴心的答案和建议。

关注点2 音乐才艺——团体冠军

10种最受关注的人气才艺项目中，有5项音乐方面的才艺入选，分别是第1名钢琴、第3名儿童舞蹈、第4名童声歌唱、第7名古筝和第9名小提琴。音乐才艺占了半数，说明受关注程度之高。其中，民族乐器古筝急速升温，排名超过"中国孩子当家乐器3大件"中的小提琴和电子琴，人气高的理由是"容易上手""悠扬好听"。"古筝热"的升温，耐人寻味，显示出父母和孩子对于民族音乐文化的兴趣。

关注点3 全面发展

最受关注的人气项目前10名，体育项目入围3项，分别是第5名游泳、第6名轮滑和第8名跆拳道，都是有趣易学、能较全面锻炼身体且安全性较高的项目。

两个用笔的才艺项目儿童绘画和书法分别排在第2名和第10名。至此，前10名中音乐、体育、美术都占全了。

关注点4 明智选择

目前，父母引导孩子选择某个才艺项目，受多种因素的影响。有时即使作出了选择也心存疑惑，不知孩子的天赋该怎样判断，孩子的兴趣会持续多久，学了这项会不会耽误他学别的……

专家指出：孩子的兴趣才是才艺项目能否坚持下去的根本动力。据调查，只有42.79%的家庭根据孩子的喜欢与否选择才艺项目。还有很多孩子还没有条件按照自己的兴趣选择所学。当然孩子的喜好与他的环境相关，父母和社会的导向对孩子的影响也很大。

每种才艺培养，都需要花相当的时间、精力和财力，为了帮助父母更好地帮孩子作出选择，少付代价，得到更多收获，本书邀请国内才艺教育一线的资深专家，针对音乐、体育、美术、英语和数学逻辑等几个方面的备受关注的26种才艺项目细致地为父母做了全面指南。

关注点5 女孩——更多期待

参加这次调查女孩的父母占62%，男孩的父母占38%，显示了女孩的父母更加关注才艺培养——女子有"才"便是德。再分别看,女孩与男孩的父母最关注的才艺项目前4名,种类略有差别,但都包括了钢琴、绘画以及体育项目,反映了父母对于培养才艺的全面关照。

关注点6 几岁开始

70%以上的父母选择了3～6岁的年龄段开始培养孩子的才艺,理由则是 "不能错过关键期""人家孩子学了咱也不能落后""为升学做准备""能晚点接孩子"等等 。从内因看,这个阶段,孩子身心得到进一步发展,具备了一定的能力,同时还没有学业的压力,时间相对宽裕。而作为外因,集中针对3～6岁的孩子,大多数幼儿园的课外兴趣班和幼教培训机构都开发了针对性强、便于选择的才艺培养课程。但到底这些课程的内容安排科学否,是否适合自己的孩子,需要父母斟酌。

美术、音乐、体育等不同的才艺项目,并不都是越早培养越好,要和孩子的生理成熟度相匹配,才能达到较好的效果和较高的效率。对于各项才艺学习都有哪些能力上的要求,几岁开始学合适,需要做什么准备等父母的常见问题 ,书中都提供了专家的细致建议。

本调查鸣谢: 父母必读育儿网

育儿网、上海学前教育网和中国学前教育网

第②章

0～3岁 才艺启蒙良方

有美伴随一生

才艺，是一种能给人带来美好感受的能力，比如能歌、能舞、能绘画、能演奏，任何一种，都因之具有表现美的魅力而备受青睐。

掌握了某种才艺，也就具备了创造美的能力，那么美便伴随在身边，终身享用不尽。

掌握了创造美的能力，能给他人带来美的感受，便也多了一分为他人服务的能力，多了一条生存之路。

然而，掌握才艺之路，却似乎充满艰辛。为什么？那是因为，很多父母更看中才艺在孩子生存之路上的贡献，忽略了对美的欣赏、对美的追求会是孩子才艺之路上生生不息的动力，忽略了我们曾经期望有美伴随他一生。

有些父母认为，才艺学习是孩子长大了之后的事情，在0～3岁阶段还提不到日程上来。但实际上，和谐的颜色、柔和的声音、明快的节奏，这些美的元素对婴儿也同样是享受，兴趣的萌芽，也是从这些对美的享受中产生的。可以说，才艺启蒙从欣赏开始，只要孩子具备了感知某种美的能力，我们便无须等待。而且，当孩子对这些美的元素耳熟能详以后，这些元素便成了孩子日后学习的基础。

孩子的才艺启蒙，不是严格的分科学习，而是浸润在生活的方方面面的。

给孩子唱童谣时，我们和孩子一起游戏，分不清这是音乐还是体育；教孩子吃饭时，我们把胡萝卜片切成了花，鼓励孩子自己去捏、去抓，说不清这是艺术还是运动。就在这些吃饭穿衣的日常生活细节中，只要我们有心营造一个美的环境，都会让孩子感受到美，只要我们投入对美的热情，都有可能把我们对美的态度传递给孩子。所有的才艺，都有着源自新生命的律动之美，在此时，都融汇在一起，以一个整体的、和谐的方式进入孩子的生活。

还有些父母认为，才艺学习，是孩子的事情，与自己无关。自己的角色不过就是帮孩子找老师，以及课后督促孩子练习。可以想象，如果我们总是板着面孔对待某种才艺，却期待着孩子能对它有持久的兴趣，真的非常难。孩子对我们的状态是很敏感的，也是很善于模仿的。我们是否营造了一个经常能欣赏到美的环境，让自己的心情因此而更舒展？我们是否带着热情去发现生活中的美，并把我们的感动和孩子分享？我们是否愿意尝试着去创造美并笑对自己的成功与失败？所有这些我们对待才艺的态度与行动，都会悄悄地渗透到孩子的心灵深处，成为他创造自己人生的基石。

（徐凡）

一、0～1岁：给宝宝创造才艺启蒙的最佳环境

良方1　　创造音乐小天地

对孩子进行音乐教育是从生活中开始的。虽说对 0～1 岁的宝宝来说，开始正规的音乐学习还为时太早，但你仍然可以将许多音乐活动引入到孩子的日常生活之中。一起来看看，给 0 岁宝宝创造一个音乐小天地，你可以做些什么。

点睛指导

让优美明快的乐曲环绕在宝宝周围

活跃在中国的著名钢琴教育家高桥雅江曾这样建议："宝宝从生下来就可以听音乐，或者更早，从胎儿期就可以听。音乐和说话一样。先听，然后模仿，最后表达。"从你自己非常喜欢的歌曲或乐曲中挑一些曲调优美、节奏明快的，经常放给孩子听，让孩子从 0 岁开始就接受各种美的声音刺激，能提高孩子对音乐的感受力，陶冶孩子的身心，培养乐感。选个孩子精神头好、情绪好的时间，放上一小段优美的乐曲，抱着宝宝随着音乐的节拍迈出优美的舞步，还可以按照一定的节拍把孩子轻轻举起来再放下，这个过程可以让孩子感受节拍，是一种很好的乐感和节奏的训练。

让宝宝在优美的音乐声中安然入睡

妈妈的声音是最好的音乐，能让宝宝感到安全、舒适。哄宝宝入睡时，妈妈亲自为宝宝哼唱摇篮曲是最棒的。唱歌过程中，温柔的抚摸、亲吻和爱的目光，都能让宝宝体验到浓浓的爱意。你也可以为孩子播放 CD 或磁带，伴随着乐曲，在你的轻拍和深情的注视下孩子能安静地入睡。这样不仅有助于增进亲子交流，而且由此得到的优质睡眠对孩子的脑部发育大有益处。

唤起宝宝全身的乐感

给宝宝播放音乐时，妈妈可以随音乐的节拍和旋律摇、轻拍或抚摸宝宝，让宝宝用身体去感受音乐的变化；也可以在宝宝的小手或小脚上系上小铃铛，让小铃铛随宝宝自己的手、脚摇动的节奏发出声响，有助于促进孩子手脚动作的发展。半岁以后的宝宝，你可以让他和你对坐，一起随音乐节奏点头、摇头、摆手、扭腰或跺脚，让宝宝初步感知节奏。

模特宝宝：刘北悠

选择宝宝能主动弄出响动的玩具

给宝宝摇铃等能够发出声响的玩具，诱导他去抓握，感受自己制造的声响。买来的玩具之外，在家里不花一分钱，也能找到很多的好玩具。等宝宝能坐稳了，你可以找来不用的饼干盒、奶粉筒，质地不同的杯子和碗，再加上易于抓握的积木棍儿，摆在宝宝面前，引他尽情地敲打。宝宝听着从自己手下发出的或粗或细，或低沉或清脆，音色各不相同的声音，一定会很惊喜。在敲的过程中，你也可以参与进来，可以模仿他的动作，他的兴致会更高，说不定会换着花样来，看你能不能模仿出来。

但是选择伴有音乐声的玩具，需要慎重。因为许多价格不菲的儿童玩具，有声有色，会跑会动，非常吸引孩子，但发出的音乐声，音调不准或音色很差，会损害宝宝的乐感。

感受生活中的自然韵律

小鸟翅膀呼啦呼啦地扇；随风的小雨滴滴答答地落；奔跑的马儿扬蹄呱嗒呱嗒地敲；楼梯上爸爸皮鞋吧嗒吧嗒地踏……静心去听大自然和生活中潜藏着丰富的韵律，不知不觉中，宝宝小小的心田里已经植入了一颗音乐的种子。

Tips 给宝宝听音乐也有讲究

1 选择没有嘈杂声音的音响设备，否则，再好的音乐，不仅不能使宝宝产生美感，还有可能伤害宝宝的听觉，影响宝宝的身心健康发育。

2 不要把音响放在婴儿的床头。距离太近会使音乐变成噪音，磁场过大也不利于孩子的健康。

3 在家里播放音乐时，最适宜的音量范围是 40 ～ 60 分贝，而且不要同时打开电视等其他电器。还要注意音乐不要太重、节奏速度不要太快，否则对孩子的听力、身体和情绪都不利。

4 给 1 岁以内的宝宝听音响设备里播放出的音乐时间不宜过长，每天 15 分钟左右就可以了。

5 超过 90 分贝的声音就可能对孩子造成听力永久性损伤。小喇叭约 110 分贝，挤压玩具约 110 分贝，那些闪着灯会唱歌和跑动的电动玩具约 130 分贝，所以这些都不是孩子音乐启蒙的好玩具，接触过多可能对孩子的听觉产生负面影响。

实用妙招

脚蹬音板
适合月龄：4 个月以上

玩法：

1. 将一块 35 厘米宽、40 厘米长的厚纸板或三合板的四角钻孔，在孔洞中穿入粗橡皮筋或松紧带，系在小床栏杆两侧，并在板上端或两侧钻孔，系上若干小铃，制成音板。

2. 让婴儿仰卧在床上，脚部靠近音板。用哗啷棒触碰婴儿的脚底，同时告诉他"小脚蹬蹬"，逗引他用脚蹬音板，使音板发出响声并来回弹动。婴儿学会后可自己蹬板游戏。

效果： 可以锻炼宝宝的下肢力量，发展听觉。

延伸： 可以在板上调换声响不同的玩具，用不同的声音来激起听觉反应。

母子共舞
适合月龄：4 个月以上

玩法：

母亲把宝宝竖抱在怀中，用自己的脸颊一侧支撑着宝宝，伴随着轻柔、有节奏的音乐开始轻柔地跳舞，舞步可以向前或向后，也可以随着节拍轻轻摇摆、转身或旋转，母亲还可以边舞边轻声唱歌，并根据歌词内容做些简单动作。

效果： 有助于发展宝宝的听觉、平衡感和节奏感，增进亲子情感，调动宝宝愉快的情绪。

提示： 选择的音乐要优美、轻柔；节奏不宜太强烈；播放时音量和音高要恰当；播放时间不宜过长，以免引起宝宝听觉疲劳。可观察宝宝的情绪，适当延长或缩短时间。

相关推荐

推荐图书

（日）松田道雄 著
《育儿百科》
华夏出版社

（德）多纳塔·艾申波茜 著
《小脑袋，大世界》
北京出版社

（英）西尔伯格 著
《婴幼儿智力游戏》
（适合0～3婴幼儿）
广东旅游出版社

推荐磁带、CD 　唱歌啦 安徽科技出版社

推荐网站 　父母必读育儿网 http://www.fumubidu.com.cn
摇篮网 http://www.yaolan.com
金宝贝 http://www.jinbaobei.com

推荐曲目 《小燕子》《摇篮曲》《蜗牛和黄鹂鸟》《两只老虎》《茉莉花》《致爱丽斯》等

良方2　创造美术小天地

虽然对0～1岁的宝宝来说，手的控制力还比较弱，也不能开始正规的美术教育，但你可以让宝宝在每天都充满惊喜和乐趣的生活中感受色彩的变换和绚丽，甚至是进行"涂鸦"。一起来看看，给0岁宝宝创造一个美术小天地，你可以做些什么。

点睛指导　让家成为宝宝感受色彩的课堂

研究发现，新生的宝宝喜欢看五颜六色的东西，不喜欢看灰色的东西。但这时他们还不能区分颜色，大约两三个月时，婴儿开始能区分红色和绿色，然后是蓝色、黄色。到大约4个月时，两种不同的蓝色都被看成蓝色，但如果你给他们看黄色和绿色的两个东西，他们就能分辨出来。4～5个月时，他们已能分辨出属于同一种颜色，但深浅不同的两种色彩了。所以4～6个月开始，这个世界在宝宝眼里呈现出多彩、立体的样子。

心理学家认为，宝宝似乎天生就具备分辨颜色的素质，但这种分辨能力是随着孩子的成熟才逐渐显现出来的。

经常变化一下窗帘、床单、妈妈和宝宝的衣服的颜色，色彩应该接近自然，协调多样。为避免造成宝宝的色彩偏好和视觉迟钝，不要让宝宝只接触几种特定的颜色或总是接受过于强烈的色彩刺激。

宝宝的床沿及床头，可以装饰一些彩色饰品，如气球、挂饰等，这样每当宝宝睁开眼睛的时候，就会有一个好的色彩环境。但挂饰要注意常变换挂的角度，不要长期固定一处，否则易造成宝宝斜视。

发现大自然里的丰富色彩和形状

国际最新脑科学的研究成果表明：天空、海洋、植物和动物等，在自然界充满我们无法命名、人工的染料和着色剂无法比拟的丰富、微妙的色彩。这些丰富自然的色彩刺激能让孩子的大脑发出更丰富的信号，同时也能促进脑的神经回路更好地发育。

宝宝满月之后就可以接受日光浴和空气浴了，让他置身于大自然中，感受不同季节的色彩。春天的绿意盈盈、夏天的姹紫嫣红、秋天的红叶飘飘、冬天的白雪皑皑……这些都会对宝宝的色彩感培养起到好的作用。

运用色彩调节宝宝情绪

即便妈妈没有接受过专门训练，也可以在生活中利用色彩调节孩子的情绪。正像色彩对成人的情绪有调节作用一样，色彩也会影响宝宝的生活：冷色具有镇定、安抚情绪的作用，如果婴

儿房的窗帘等选择冷色系列，有利于婴儿的睡眠。鲜艳的色彩一般会令宝宝兴奋，宝宝经常做游戏的环境，加入鲜艳的色彩元素，也许更利于让宝宝尽情地玩耍。

实用妙招

认颜色
适用月龄：2～3个月

玩法：

1. 收集几个透明的空塑料瓶，买一些红、黄、蓝、绿、紫色的皱纹纸。将不同颜色的皱纹纸撕下杂志大小一块，分别放入瓶中，加入整瓶清水泡一阵子，就会得到几个色彩艳丽的彩色水瓶。如果能配齐赤橙黄绿青蓝紫，七个瓶子就能排成彩虹瓶，阳光下非常美丽。你每一次给宝宝看1～3种颜色，晃动彩色水瓶，观察宝宝的反应。

2. 如果宝宝没有表示出特别的注意或没有伸手要够的意思，妈妈不要着急，可以多和宝宝这样玩几次。

效果： 发展宝宝对颜色的认知。

延伸： 妈妈还可以用彩色气球或彩色纸片和宝宝玩，用气球时一定要注意安全，气别吹得太满，防止气球爆裂的声响惊吓到宝宝。

妈妈的彩色衣橱
适用月龄： 3个月以上

玩法：

1. 其实，每个家里都有一个色彩的百宝箱，就是妈妈的衣橱，里面藏着妈妈喜爱的上衣、裙子、大衣和漂亮的丝绸围巾和羊毛围巾等。

2. 春夏秋冬，每个季节，妈妈都可挑出几件色彩漂亮的应季衣服，在宝宝面前展示。可以直接搭在身上比画，也可以穿好摆出模特的优雅姿势，为宝宝表演。

3. 1岁以前，宝宝还不能用语言表达他最喜欢妈妈的哪件衣服，可是妈妈心爱的漂亮衣服的颜色能让宝宝充分感受到妈妈追求美的积极态度。

效果： 发展他对颜色的认知，引发宝宝对美的事物的兴趣。

延伸： 爸爸喜欢的领带也可以成为给宝宝的色彩展板。

相关推荐

推荐图书　林菁菁 著《和孩子一起享受艺术》时代文艺出版社

杭海 著《孩子的方式》湖南美术出版社

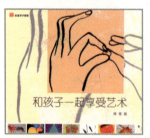

推荐网站　父母必读育儿网 http://www.fumubidu.com.cn
小其妈妈儿童美术网站 http://www.xiaoqimama.com
艺术儿童工作室 http://www.artchildren.org

良方3　创造运动小天地

孩子一出生就具有内在动力去发展成长，靠动作、运动去探索世界。抬头、挺胸、翻身、坐、爬、站、走……看似简单的身体运动，对宝宝来说，却是重要的学习内容。对小婴儿来说，身体动作发展与智力发展是相辅相成的。如果儿童的身体动作发展水平与正常水平差距较大时，有可能会制约其智力发展。父母最需要把握的是最大限度地呵护孩子的内在发展动力，为孩子提供安全、舒适、不受约束，利于孩子主动探索的环境，让孩子获得更多的成功体验。一起来看看，给0岁宝宝创造一个运动小天地，你可以做些什么。

模特宝宝：淇淇

点睛指导　布置一个让宝宝自由、安全动起来的环境

家中的枕头、被子、玩具都可以充当运动器械，床、沙发、椅子甚至你的身体都可以作为运动场。但当宝宝学会了爬行、站立和蹒跚学步，扩大了运动范围，一定要预先检查家居环境是否有棱角突出的家具物品。如果孩子在床上玩耍，成人一定要在床边做好保护。父母每天拿出一点点时间，彻底放松一下心情，和孩子一起玩，在家里开辟一块安全有趣的运动场地吧！

以游戏促进动作的发展

刚刚来到这个世界上，宝宝要学的东西实在太多了！动作的学习就是其中的一项重要任务。从最初的躺卧、用躯干支撑着坐起来，到四肢协调地爬行，再到后来的站立和行走，在一连串的动作学习中，你只需和宝宝做一些简单的游戏，就能帮上他大忙。想知道宝宝喜欢玩什么，就需要仔细观察，例如若宝宝喜欢有声响的玩具，当宝宝练习抬头时，你可以拿一个发声玩具（如哗啷棒）在宝宝的前上方逗引，吸引他抬头去看；当宝宝练习翻身时，你可以拿一个捏响玩具，在宝宝的侧边捏一捏，吸引宝宝注意，诱使他向发出声音的一边侧过身来；当宝宝练习爬行时，你可以让宝宝趴在你身体的左侧，你的右手拿着宝宝喜欢的玩具，逗他玩一会儿，然后将玩具放在你身体的右侧，吸引宝宝从你的腿上爬过去拿到玩具。为了增加游戏的趣味性，你也可以边念唱儿歌边玩。如玩"开汽车"的游戏，让宝宝坐在你腿上，你晃动自己的身体和腿模拟汽车行驶的感觉，同时念："小汽车，嘀嘀嘀，开起汽车真神气。开到东，开到西，我是快乐的小司机。"

"爬"对于0～1岁的宝宝非常关键

"爬"对于 0 ～ 1 岁的宝宝的成长来说非常重要。父母应尽量布置一个利于孩子爬行的安全环境，引导孩子从不同的起点，从下往上或从上往下爬斜坡，或让孩子锻炼抓握着东西爬。每个宝宝，爬的姿势会有他的特点。采取哪一种方式爬行并不重要，重要的是，让宝宝有强烈的好奇心，想从一个地方移动到另一个地方，以便能够对很久以来看到而无法接近的远处物体进行探索。在教宝宝练习爬行的过程中，可有意识地设置一些吸引宝宝的小目标，吸引宝宝学"爬"学得更起劲。即使是性格安静的婴儿，只要逗引他的玩具对他来说具有足够的吸引力，也有明显的效果。

宝宝在攀爬时不小心撞到了什么东西，下次再经过那里的时候，他就会特别小心。所以，运动和运动中的受挫可以让宝宝学到许多，比如学会怎样保护自己，学会自己解决问题，从中获得自信。

运动游戏好处多多

第一，躯体运动可以刺激大脑的发育。

第二，运动可以释放宝宝的情绪，帮助宝宝形成积极向上的性格。足够的运动还可以让宝宝学会自我控制，从而能在需要的时候使自己安静下来。

第三，坐、爬、站、走等基本的肢体动作，是宝宝将来学习其他各种动作和技能的基础。多玩运动游戏，对宝宝早期智能的开发是十分有益的。比如，可以帮助宝宝学习如何使用肌肉，发展控制自己身体的意识。

第四，肢体运动有助于宝宝的认知和学习，帮助他们发现世界是什么样，自己又是什么样的。例如，宝宝通过移动身体来够取物品，感受物体的大小和空间距离的远近；通过踢球，感受力量和速度之间的关系，等等。

第五，运动游戏还可以让宝宝消耗过剩的能量，防止脂肪堆积而成为肥胖儿。

Tips 带宝宝做运动时的注意事项

1 带宝宝做运动时，动作要和缓、轻柔。越是年龄小的宝宝，你的动作就越要轻柔。特别是 3 个月前的宝宝，颈椎还没有完全发育好，还没有足够的力量去支撑头部，你更要注意自己的动作。

2 刚开始做运动游戏时，活动的频率要慢一些，逐渐地加快。

3 为了增加游戏的趣味性，你在帮宝宝做运动时，可以随着节奏念唱儿歌。

4 所有的运动游戏都不适合在喝奶前后半小时内做，否则很容易造成宝宝溢奶。

5 适当的运动是必要的，但不要过量。因为对小婴儿来说，最重要的还是让他感觉舒适。

实用妙招

小青蛙，跳一跳
适合年龄：4个月以上

玩法：

1. 妈妈在椅子上坐好，双手扶住宝宝的腋下，让宝宝的双脚踩在妈妈的大腿上。

2. 妈妈的脚跟有节奏地抬起、放下，带动宝宝的身体上下跳跃，同时可以一边玩一边念儿歌："小青蛙，跳一跳；小青蛙，蹦一蹦。"

效果：可以锻炼宝宝腿部肌肉的力量，为他日后站立和行走时用腿支撑身体重量作准备。

模特宝宝：苏胜昔

爬爸爸
适合年龄：8个月以上

玩法：

1. 爸爸可以把手放在身体前面或两手叉腰做阶梯；也可以半蹲着让宝宝蹬着爸爸的腿往上爬，爸爸也可以坐在地上，让宝宝从背后爬到爸爸的肩上。妈妈可以在一边扶着宝宝，防止下滑。

2. 宝宝爬的时候可以念儿歌：爸爸有力气，让我往上爬，爬上又爬下，像个猴娃娃。

效果：可以发展宝宝的眼、手、脚的协调能力和大运动技巧，建立宝宝的自信心和独立性。

延伸：宝宝可以从不同方向，用不同方法爬到爸爸的背上、肩上，再以多种方式滑下来。爸爸在房间里驮着宝宝走动的时候，要注意屋里的吊灯、晾衣绳和门框。如果宝宝还小，或者刚开始玩这个游戏，妈妈可以在一旁帮忙。

相关推荐　**推荐图书**

吴荷芬　主编《0～6岁亲子游戏》上海科学技术出版社

（德）利瑟尔·波林司基著《健体益智亲子游戏》上海科学技术出版社

（美）西尔伯格　编著《美国经典育儿游戏（0～1岁）》同心出版社

推荐网站　父母必读育儿网 http://www.fumubidu.com.cn

良方4　创造语言大环境

　　婴儿的大脑为学习语言已经做好了充分的准备，使宝宝能够分辨世界上的各种语言。随着小宝宝与外界交流的增加，大脑也在不断成熟，使小婴儿能够越来越好地认识周围的世界，为学习语言准备着、积累着丰富和复杂的素材。在生命的头两年里，宝宝语言的充分发展有两个要求：良好的听觉能力和有效的语言环境。一起来看看，给0岁宝宝创造一个语言环境，你可以做些什么。

模特宝宝　末末

点睛指导　养成和宝宝说话的习惯

　　尽管我们的宝宝还不会很好地表达，但是爸爸妈妈却可以把宝宝当成一个好的倾听者，多和他们分享自己的所见所闻所感。经常呼唤宝宝的名字，跟他说话；可以见到什么说什么，例如家里的物品、街上的动植物和交通工具、商店货架上的商品等等；当宝宝哭闹时，你也可以破译宝宝的哭声，并大声告诉宝宝，例如，"宝宝肚子饿了""要喝奶了""宝宝要拉屁屁了"等。

　　积极回应宝宝的咿咿呀呀，注意交流的有效性。

　　在宝宝叽叽咕咕、咿咿呀呀地"演讲"时，要认真地听和注视，同时要及时回应他，回应时要表情丰富，语调夸张，以激起宝宝发声的兴趣，鼓励宝宝接着"说"。只有交流是双向性的，真正有效的，才能真正达到与孩子交流的目的，从而促发孩子学习语言的兴趣。

不要刻意跳过"儿语"阶段

　　在宝宝出生之后，妈妈就会用柔和亲切、富于变化的语调和宝宝说"悄悄话"，宝宝在妈妈的引导下，开始进入语言的世界。这个阶段，自然的、能够吸引儿童注意的"儿语"更便于孩子理解掌握，宝宝也更容易在交流中运用成功并获得成就感。妈妈可以采用比平时尖一点的嗓音，语速放慢，吐字清楚，说话时表情丰富，这都易于吸引孩子注意力，同时也有利于孩子掌握词语的音与意的联结。

　　目前也有观点认为完全跳过"儿语"阶段而直接采用成人话语与宝宝说话可能会效率更高，虽然这种说法还没有得到证实，但与宝宝进行正常语速的交流是不可缺少的。

多读书给宝宝听

　　可以从宝宝一出生就开始给他读书。尽管他听不懂，优美的词句、美好的韵律还是能感染宝宝。而且，这也是让宝宝熟悉母语语音的一个很好的途径，同时还能起到舒缓宝宝情绪的作用。6个月以上的孩子对词的"意义"已经有了模糊的概念，观察力和模仿能力都在加强，而且正在"咿咿呀呀"制造一些听似无意义的声音。这时最好给他选择韵律感好的素材，如儿歌、童谣或唐诗。宝宝通常会在尾音时附和一下，这种发音兴趣将逐渐发展为宝宝学习语言的能力。父母们很关心该给0～1岁的孩子读什么，其实儿歌、童谣之外，只要带给父母真心感动的美好文章，都可以有声有色地读给孩子，你从中感受到的美好情感也将滋润孩子的心田。

模特宝宝·陈昭旭

Tips 和0～1岁宝宝"对话"的要领

1 和宝宝说话，要看着他的眼睛。

2 你说的话要简短、具体、准确和清晰，要多重复。

3 要在情景中和宝宝说话，这样他才能更好地理解。

4 当宝宝自言自语时，你一定要及时接话，这会让他"说话"的兴趣大增。

5 多用肢体语言，宝宝喜欢看着你一边说话一边做动作的样子。

6 变换各种表情和宝宝对话，因为孩子通常是看着妈妈说话时的表情来学习说话的。

Tips 0～1岁宝宝的语言发展

● 刚出生的宝宝就会对声音作出反应。

● 两周左右，能分辨人的嗓音和其他声音的区别。

● 快满2个月时，开始懂得听到的话中所流露出的感情。

● 3～4个月，玩耍时会发出"咿咿呀呀"的声音。如果你和他一问一答的，他会更加起劲地与你"交谈"。（建议你把宝宝的这些发音录下来，作为纪念。）这种发音兴趣将逐渐发展为学习语言的能力。

● 6～8个月，开始能听懂一些词语，会无意识发"妈妈""爸爸"的音。

● 8个月左右，宝宝会真正懂得一些词语的意思，比如会把"瓶子"一词和真正的瓶子或看起来像瓶子的东西联系起来，而不是和别的东西联系起来。"妈妈"一词的发音或类似的发音只代表妈妈，而不代表爸爸或其他人。不久，他就能听懂一些简单的指令，如"挥手再见"。

● 10个月左右，开始会用身体语言向主要看护人表达自己的请求。比如他向你靠近，可能是需要你的帮助，或者想和你分享让人激动的事情。如果你给予积极的回应，宝宝就能获得语言学习的良好结果。

● 10个月以后，有些宝宝开始会有意识地叫"妈妈"或"爸爸"了。此后开始以自己的方式，进行自娱自乐的言语游戏。你可以对他的活动充当解说员，逐渐使他说出真正的词来。

Tips 什么情况你需要担心?

对于足月出生的正常宝宝,如果有以下情况,请咨询专业人士。

● 出生 1 个月后,对铃声没有反应。

● 1 个半月后,除了哭声,还不会无意识地发其他的音。

● 3 个半月后,还不会笑出声来。

● 4 个月后,还不会尖声大叫。

● 8 个月后,叫他的名字还没有反应。

● 快 10 个月了,还不会无意识地发"DaDa""MaMa"等音。

● 11 个多月,还不会咿呀学语。

实用妙招

模仿发音
适合年龄:0～1岁

玩法: 抱起宝宝,在他面前做出张嘴、吐舌或其他各种表情,并用亲切温柔的声音和宝宝"谈话",让他注意到你的口型和面部表情,逗他发音。逐渐地,宝宝就会发出应答似的声音来和你"交谈"。

效果: 教宝宝模仿了发音,同时也增进了亲子间的感情。

听妈妈讲现在的事情
适合年龄:0～1岁

玩法: 把自己当成是实况转播的播音员,用亲切的声音、变化的语调,跟宝宝讲他当前发生的情景剧里的人和事。比如对他说"宝宝在摇小铃铛""妈妈正给你换尿布呢""奶奶买菜回来了,在厨房放菜篮子呢"等等。

效果: 可以教宝宝在情景中理解语言,你也会养成和宝宝说话交流的好习惯。

拍手、点头
适合年龄:7个月以上

玩法: 和宝宝面对面坐好,握住他的两只小手,教他对拍。边拍边说:"拍拍手。"然后不握他的手,看他能不能自己拍。同样的方法,可以教宝宝做点头的动作。

效果: 可以锻炼宝宝理解语言的能力和模仿力。7 个月以后的宝宝就能这样玩了。

相关推荐

推荐图书

阿甲、徐凡 等著《中国父母最该知道的儿童阅读100个关键问题》北京出版社

徐世玗、王瑶 选编《童谣三百首》浙江少年儿童出版社

山曼 编著《百岁童谣》(全5册)明天出版社

舒立华 编著《宝贝手指谣》新世纪出版社

(荷兰)迪克·布鲁纳《迪克·布鲁纳丛书》之《米菲在海边》(共21册)人民邮电出版社

《小圈圈丛书》之《一个大鸡蛋》(全6册)新蕾出版社

推荐网站

父母必读育儿网 http://www.fumubidu.com.cn

红泥巴 http://www.hongniba.com.cn

蓝袋鼠 http://www.landaishu.com/home/index.asp

小书房 http://dreamkidland.cn

二、1～3岁：才艺启蒙总动员

良方5　快乐音乐总动员

1岁的宝宝已经开始学习说话、走路，活动能力不断提高，因而参与音乐活动的路径更加多样。父母应自始至终参与宝宝的音乐活动，有针对性地引导宝宝喜欢音乐、感悟音乐，让宝宝在游戏中感受音乐的魅力。让我们一起快乐音乐总动员，出发！

点睛指导　让宝宝从歌谣中增长音乐能力

这一时期由于发育的限制，可能不容易掌握曲调音高，但每个孩子都喜欢说儿歌，歌谣的节奏和韵律使它读起来朗朗上口，不但发展了幼儿的语言能力，还发展了记忆力和感知音乐的能力。儿童喜爱的歌谣，可以成为音乐能力培养的起点。（北京师范大学教育学院教授　杨立梅）

让宝宝练就一双细致灵敏的耳朵

生活中，缺少的不是声音，而是凝神细听的耳朵。假若我们的孩子从小就能够被引领着去倾听，学会用耳朵寻找周遭所发出的种种不同的声音，那么他的生活将会到处充满着天然丰富的音乐。随着孩子的成长，到户外的时间越来越多，走出家门，有节奏的知了的鸣叫声，自行车的丁零声，汽车发动的马达声，处处存在着节奏和韵律，对自然和生活的丰富体验，不仅能构建孩子的音乐感觉，也会帮助孩子更深地理解音乐作品中所表现的内涵。

让宝宝在生活中感受音乐

音乐遍布生活的各个角落，"乐器"可能就是孩子手边的易拉罐、塑料瓶、纸盒子，里面放上数量不等的豆子、石子、沙子和小玻璃球，就能做成各式各样的"沙锤"，当宝宝或轻或重，或缓或急，有节奏地晃动这些"乐器"时，一场小小演奏会就开始了。其实最原本的素材是最丰富的，也是孩子们最容易进入的东西。

模特宝宝：陈妍

从宝宝喜欢的事物中，寻找音乐教育的契机

音乐教育的契机存在于很多种艺术形式中。孩子看喜爱的电视节目或动画片时，除了里面的情节和人物，还可以有意识地引导他去听一下里面的配乐，感知音乐的内容和变化。这对于锻炼孩子的听觉、想象力和对艺术作品的理解力都很有帮助。

父母真心喜欢，最能感染宝宝

父母自身喜欢音乐的行为最能感染和激发孩子的参与。如果父母喜欢音乐，家中随时回响着优美的旋律，让孩子亲近音乐很自然地成为了生命的一部分，那么他就不会认为孩子需要从某一时刻开始正经八百地"学习"音乐。那么音乐反而会很自然地融进孩子的生命，孩子也会把音乐当成享受而不是负担。

小测试 培养宝宝的音乐才能，你能得几分？

1. 经常给孩子唱催眠曲。☐
2. 和孩子一起哼唱简单的歌曲。☐
3. 和孩子一起听音乐 CD。☐
4. 经常和孩子一起随着音乐做律动。☐
5. 教孩子用简单的打击乐器感受音乐的节拍。☐
6. 随时为孩子提供表演的舞台。☐

结果： 做到 4 条以上为非常优秀，2 条以上为普通，1 条以下为需要努力。

实用妙招

玻璃杯乐器组
适合年龄：2岁以上

模特宝宝：于东来

玩法：

1. 准备几个透明的玻璃杯，在几个玻璃杯中分别装上不同量的水，按水量的多少依次排列摆放。
2. 让孩子用筷子去敲击，注意听水量不同的杯子，发出的声音有什么不同。

效果： 可以让孩子体会水量的多少和音高的关系，逐渐领悟音阶的概念。

家庭音乐会
适合年龄：2岁以上

玩法：

1. 和孩子各自选取所喜欢的一首或多首任意风格的乐曲，孩子选曲子时可请父母协助，例如父母可以先找出家中的各种乐曲给孩子试听，然后让孩子决定所选曲目。
2. 音乐会可以在晚餐后或休息日进行。全家人各放一段自己喜欢的音乐。大家一起专心聆听，随着音乐打拍子，跟着音乐哼唱，试着随音乐舞动身体，或随着音乐节奏迈步移动。如果孩子有能力用语言来表述，可以鼓励他自由描述他的体会。
3. 欣赏完乐曲，还可以进入演唱、演奏或舞蹈环节。孩子唱歌的时候，父母用小铃鼓等简单的乐器给孩子伴奏；如果父母唱歌，就让孩子来伴奏；还可以全家一起边听乐曲，边自由舞蹈。

效果： 通过快乐的音乐游戏，能够促进孩子的音乐听觉、音乐感受和音乐表达能力。

相关推荐

推荐图书

（西班牙）玛费·尔南达·卡纳尔 主编《在音乐中成长》（全3册）北京出版社

杨立梅 编著《幼儿音乐能力培养的策略与方法》 教育科学出版社

《妙事多音乐花园》之
《与我同唱》
《与我同舞》
《与我同奏》
《与我同拍手》
（各包括2张CD，适用于15个月到3岁半的幼儿）
南海出版社／中国文联出版社

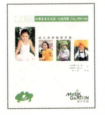

推荐网站

东方爱婴 http://www.babycare.cn
雅马哈音乐中心 http://www.yamaha.com.cn/MusicSchool/kid

推荐曲目

《世上只有妈妈好》
《泥娃娃》
《梁祝》
《数鸭子》
《婚礼进行曲》
《小猫圆舞曲》
《雷鸣电闪波尔卡》
《动物狂欢节》
《彼得与狼》

良方6　快乐美术总动员

1～3岁的宝宝视力已经基本发育成熟，手指的灵活性也进一步增强，一份丰盛的晚餐，一次愉快的外出旅行，或者是一次不经意的触笔……都会让宝宝的视觉神经得到充分的刺激，请让宝宝在充满趣味的氛围中得到美术启蒙教育。让我们一起快乐美术总动员，出发！

点睛指导　让宝宝在丰富自然的生活体验中捕捉多彩的信息

3岁前是视力发展关键的时期。大约到1岁半的时候，宝宝的视力已经相当好了，他甚至能够看到地毯上的一根头发！之后，宝宝的视力在精细化的道路上继续迈进，越用越清晰。雨天在外面踩水、欣赏姥姥新培育出来的花骨朵儿……这个世界有太多美好的新事物在吸引他。这些经验，使宝宝今后的视觉能够预期更多的东西，发展得更好。这个年龄段的父母应尽量将宝宝带到大自然中去充分感受五光十色、万紫千红的世界，在自然中可以看到任何色彩和谐搭配的范本，这些都能促进宝宝色彩感的提高。

从"瞎画"中发现兴趣点和潜藏的能力

1岁左右阶段，宝宝的精细动作能力的发展还不能很好地满足他有意识地控制手部的力量，画出相应的图形。但妈妈应随时准备着，让宝宝开始最初的创作。可以为他准备好水彩笔、白纸和颜料，之后耐心等待孩子"发现"

笔，然后任由他随意地点戳。孩子逐渐会发现他自己的动作和画纸上的痕迹之间的关系，也许只是一道道的线条，却是孩子最初的创作。这将成为他最初的、最宝贵的"画"的经验。让孩子拥有一面自己的"涂鸦墙"，贴上大开的白纸，也利于激发孩子的"画兴"，让孩子能体验用笔挥洒的快乐。

知名职业艺术家林菁菁建议："这个时期，孩子的动作开始从毫无控制向有所控制发展，而身体的自由和独立，加上逐渐发展的手的触摸和抓握能力，使'涂鸦'这样的行为充满了惊喜和乐趣。孩子也更有兴趣、有动力去尝试，在他的作品里，就会融入他的激情、他的探索，因而父母一定要千方百计地保护孩子的这种兴趣。 如果你可以像爱护你的眼睛那样爱护孩子的兴趣，你就会发现，在对待学习的问题上，你是多么容易就能获得事半功倍的效果。"

让宝宝运用自己创作的符号尽情表达

通过绘画，孩子能够发现自己对画面有控制和改变的能力，发现色彩与自己的爱好倾向相通，自己能把天马行空的想象都任意地挥洒在纸上。孩子通过图画表现出来的自我和自我发展的延续，是小小心灵的展示、自我价值的表白和

精神的创造。在他笔下的太阳可能放着绿色的光芒。

让可口的食物与优美的色彩和图案串个门

国外，为了从小就通过生活细节给孩子美的熏陶，很多家庭在孩子能够独立使用餐具吃饭后，就有意让孩子使用设计精美的正规餐具。虽然孩子很可能把图案精美的餐盘打碎，妈妈给孩子烹煮食物时，在提供注意自然丰富的食材，也应关注菜肴的色香味。为了孩子的好胃口，除了在材料搭配和烹制方法上多花心思，还可以摆出漂亮图案。比如用番茄沙司、沙拉酱等在菜肴上勾画宝宝喜欢的动植物、卡通图形。黑色的紫菜、深绿色的海带等都可以在图案中发挥关键的作用。

有意识地带宝宝走近美术世界

大自然的美、社会生活的美以及艺术的美，存在于孩子周围的各个角落。如果家附近有少年宫、文化馆或美术馆，可以经常带孩子去逛一逛，里面的美术作品能让孩子对儿童画、水墨画、民间艺术、油画等美术作品产生亲近感。随着城市规划的发展，漂亮的建筑、新奇的雕塑作品、独特的壁画作品越来越多地出现在公园、社区等公共场合，增加了孩子欣赏各种美术作品的机会。当孩子参观美术作品时，应让他充分发挥想象力，自由地感受。

上海现代儿童美术馆的孩子作品

小测试 培养宝宝的美术才能，你能得几分？

1．每周在家搞 2～3 次美术活动，每次 15 分钟以上。　☐
2．除了水彩笔以外，还准备了其他美术用具。　☐
3．通过与美术学习有关的话题，如摄影等，激发孩子的好奇心。　☐
4．上美术课前，给孩子营造一种和谐愉快的氛围。　☐
5．教孩子各种美术工具的使用方法。　☐
6．一年至少带孩子去一次美术馆或博物馆。　☐
7．在家中展示孩子的美术作品。　☐

结果： 做到 5 条以上为良好，3～4 条为普通，2 条以下为需要提高。

实用妙招

花色拼盘
适合年龄：2～3岁

准备： 一个切蛋器、一个熟鸡蛋、一小截火腿肠、一个香蕉、几个草莓、一节去皮的黄瓜。

玩法：

1．先示范切蛋器的用法。请孩子把上述食物放在切蛋器的中间，上下一合，食物就会被切成大小不同的圆片。

2．请孩子洗干净小手，把它们摆在一个平的盘子里，可以有一些建议，如：像花朵或某种动物。

3．在塑料袋中放入一些果酱、沙拉酱等，在塑料袋的一角上剪一个小孔，把果酱等挤在拼摆好的食物上作为点缀，制成漂亮的花色拼盘。

4．欣赏之后可以与家人一起享用孩子亲手制作的美味。

效果： 培养孩子对色彩的认知和搭配的美感，同时可以增加孩子进食的兴趣。

延伸： 可以发挥孩子的想象力和创造力，用其他的食物材料制成不同形式的拼盘。

用蔬菜盖图章
适合年龄：2～3岁

准备： 碟子、颜料、土豆、图画本。

玩法：

1．在碟子上放些颜料，再把土豆切成两半。

2．先让孩子观察土豆的断面，然后蘸上颜料，盖在图画本上。

3．只要孩子高兴，就可以让他反复盖着玩。

效果： 孩子从中可以认识花纹排列的规律。

延伸： 可以使用不同的颜色，引导孩子观察并给他讲解不同颜色叠加在一起后产生的变化。

相关推荐

推荐图书

（美）李欧·李奥尼 文图《小蓝遇到小黄》少年儿童出版社

（德）埃迪特·施爱伯－威克 文《彩色的乌鸦》系列绘本（全3册）二十一世纪出版社

（瑞士）莫妮克·弗利克斯《无字书》之《颜色》明天出版社

推荐网站 父母必读育儿网 http://www.fumubidu.com.cn
小其妈妈儿童美术网站 http://www.xiaoqimama.com
艺术儿童工作室 http://www.artchildren.org

良方7　快乐运动总动员

宝宝1岁以后，开始变得很有挑战精神。活动的乐趣，使宝宝乐此不疲。父母不要因为害怕危险就阻止宝宝进行运动，而要给宝宝一个安全的环境，和宝宝尽情地玩各种运动游戏。这样利于发展孩子的大动作和精细动作的能力，为日后的运动方面的才艺培养打下好的基础。

点睛指导

寻找合适安全的运动场所

父母要关心一下孩子活动的场地和器材是否合乎要求。比如，场地是不是太小，地面是否凹凸不平，有没有其他杂物，如石子、碎玻璃、金属制品等硬物。玩具器械安装得是否牢固，有没有损坏，活动场所空气是否新鲜。有些专门针对儿童的活动场所，也不是万无一失，需要以孩子的高度检视一番。

现在，有不少根据孩子的成长规律设计的大型室内活动场所，包括了既能摸爬滚打，又安全卫生的大型管道设施，还有攀岩墙、蹦床、滑梯、攀爬架等无动力的玩具。孩子在里面是主宰，自由发挥，不仅要运动身体，而且还要发挥聪明才智，创造出各种新奇的玩法。

Tips 怎样选择好的儿童游乐设施

父母要根据自己的孩子的年龄、性格和发育情况，选择适合于他的游乐设施。选择的注意事项如下：

第一，适合孩子的年龄。有些游乐设施，比如摇晃得太厉害的或可能让孩子头晕的电动游乐设施，对于年龄小、尤其是胆子比较小的孩子来说，在玩之前需要征求孩子的意愿，否则可能会造成负面影响。

第二，全封闭的游乐场所。比如全封闭的滑道、有安全网的蹦床等。孩子可能磕碰的地方，外面要有材质柔软的包装防护。如果是电动的设施，还要看电路的安全，不能有暴露的可能引起触电的电线等。

第三，游乐设施的质量。从材料上看，玻璃钢虽然颜色很艳丽，表面很光亮，但是容易有玻璃粉尘污染，对孩子的健康不利。最好选择环保型的硬塑料材质的设施。从做工上看，好的游乐设施的螺丝一般都是暗藏的，或者设置在孩子够不到的地方，不会对孩子造成伤害；而且设施整体做工精细，表面光滑，不会划伤、磨伤孩子。

与小伙伴玩，收获多多

尽管孩子们在一起玩免不了争执、推搡，甚至弱的一方挂彩而回，但妈妈若为此就将孩子与小伙伴隔离开，会得不偿失。应多鼓励孩子和小伙伴一起玩，同样是玩水玩沙，如几个小朋友在一起，花样会层出不穷。这其中既有合作，又有相互模仿、借鉴，还能相互激发灵感，获得更多的创意，消耗的能量要比独自一个人玩多很多，而且得到的快乐是翻倍的。

多人游戏时，孩子将学会建立"等待""先后有序""拿别人的东西要先打招呼"等规则意识，这将为孩子提高解决日常生活问题的能力、了解为人处世规范提供体验支持。比起父母的说教，孩子从游戏交往中得到经验更直接有效。

亲近大自然，多进行户外活动

户外活动以阳光和新鲜空气为伴，户外活动的场地也更加广阔而富于变化，溪流海滩的美景、四季交替的自然节奏，都可以带给孩子更丰富的感官刺激。在大自然中，孩子尽情地舒展身心，不仅能满足爱玩好动的天性，还能潜移默化领悟大自然的教化。比起间接的书本知识，这种润物细无声的大自然的声息，更容易渗透和感染孩子的心灵，为孩子留下无限的学习和想象的空间。父母在忙碌了一周之后，利用休息时间和孩子

一起投入到大自然中，既可以放松心情，加深亲子情感，又借机在玩的过程中重温自己童年的美好时光，是很惬意的一件事情呢！

模特宝宝：李涵

Tips 运动时的着装注意事项

孩子在进行运动时，要穿易于运动的舒适轻便的服装和鞋，才会不影响孩子做动作，活动效果好，还有助于预防损伤。另外服装的大小要合适，还要有一定的弹性、透气性和一定的保暖性，但不宜过厚。孩子在开始活动之前，要把衣服上的别针等小饰物摘下来，同时掏出衣服兜里的杂物。

小测试 你家宝宝具有身体运动智能优势吗？

具有身体运动智能优势的宝宝，通常具有以下一些特点：
1. 很小就喜欢玩手、玩脚，爱摇晃，经常动来动去。
2. 再大一点时，特别喜欢伸手拿东西，抓取东西时力气很大。
3. 学爬行、站立和走路的时间，都比同年龄的宝宝要早。
4. 喜欢登高爬低，重复同样的动作，如把东西丢在地上，再捡起来。
5. 每天的活动量很大，对外界的反应快，动作灵活。

实用妙招

模仿跳

适合年龄：2岁以上

玩法：

1．准备一些小动物的头饰。先找机会让宝宝观察青蛙跳、小兔跳和小鸟跳。

2．给孩子示范各种动物跳的动作，让宝宝跟在后面模仿。

3．先扶着孩子在原地学跳，然后再让他自己在原地跳，最后再学向前跳。

效果：锻炼跳跃技能和大动作的协调性。

延伸：孩子在跑稳当之后，自然会出现跳的动作。可以给孩子放节奏明快的音乐，让孩子随着音乐的节拍，学小青蛙、小兔子快乐地蹦跳；也可以让孩子把着栏杆，自由地快乐蹦跳。这个阶段，跳也很有利于宝宝的运动能力的发展。

抛降落伞

适合年龄：2岁半以上

玩法：

1．妈妈和孩子一起向上抛不同类型的东西，如小石子、小木块、塑料瓶盖、皮球、铁罐等，让孩子仔细观察这些东西抛到天空中会发生什么情况，获得物体抛出后都很快落到地面的印象。

2．妈妈将一块大手帕，在四角上各系上一根细绳，再将一个夹衣服的夹子上端用棉花及圆形小布块做成头形，在上面用笔画上两只眼睛，一个鼻子和一个嘴，然后，将四根系手帕的绳子末端绕系在头形的脖子上，制成一个降落伞人。

3．妈妈让孩子用力向天空抛降落伞人，并让孩子仔细观看降落伞人在天空落下的情况，待降落伞人下落时用双手接住。

效果：激起探索兴趣，训练手臂肌肉及肩关节活动。

延伸：可以让孩子反复向上抛其他物品和降落伞人，以此比较，激发孩子对事物探索的兴趣。

相关推荐

推荐图书

吴纪安等 著《让孩子在游戏中成长》上海科学普及出版社

(美)埃里森 著《365日亲子游戏宝典》江苏美术出版社

(日)仲田安津子 著宝宝越玩越聪明（赠送VCD）九州出版社

良方8　快乐语言总动员

大约在1岁左右，宝宝开始能说第一个真正的词了，而且也为学习新词做好了充分的准备，他们渴望和别人交流，对别人说的新词特别敏感。在随后的时间里，宝宝的词汇在不断地增加，到了1岁半之后，宝宝开始进入一个"词汇爆炸"的时期。所以，父母们都做好准备了吗？让我们一起出发！

点睛指导　多跟宝宝交流

研究发现，如果父母经常跟孩子交流，那么孩子的词汇量就会迅速增加。在日常生活中，父母可以随时告诉孩子身边物体的名称：家里的家具、花园里的植物和小虫子、路上的交通工具、商店货架上的商品等等。当你带宝宝去一个地方，可给他讲一讲，你们看到的事物。针对你和孩子共同经历的事情，你们会有很多共同语言。

鼓励宝宝与人交往

语言是智力发展的重要标志之一。语言表达能力强的孩子理解力强，更加自信，在以后的社会交往中也会更受欢迎。宝宝会在与别人的交往过程中不断修正自己对词的理解。他强烈地希望和别人交流，他积极地捕捉各种信息，他尝试着各种表达方式，努力把自己的意思更有效地表达出来。他的神速进步，是靠着这种动力来推动的。但这不仅靠与父母和亲人的交流，与小伙伴的交流也能起到积极的作用。

让宝宝轻松地掌握词汇

经常给孩子念、唱儿歌，对孩子学习语言会有很大帮助。1岁左右的孩子往往表现出很强的参与欲望。2岁左右的孩子最感兴趣的是呼唤性的、多次重复的词语以及充满节奏感的词语。但与这个年龄段的孩子交流时，需要父母用真心，而不能光是凭借甜蜜的语言。如果在给孩子反复读书的过程中，碰到一些重复的词句，如反复出现的语气词"咦""喂""啊"之类，读到那儿之前，孩子有时会不失时机地说出来。妈妈念儿歌时，可以适当地变化节奏，如可以将最后两个字的发音间隔拉长，比如"小娃——娃"，或加重每句最后一个字的语气，以强调押韵的那个字。这样利于激发宝宝模仿的兴趣。

一起享受读书的快乐

如果你有机会到国外书店，你会发现无论哪个国家的儿童读物区，满眼都是精美的绘本，也就是图画书。孩子是通过父母来充分体会图画书的乐趣的，而且他们能由此感知聆听语言带来的快乐，提高学说话的兴趣。孩子掌握语言的关键是能否把语言在心中描绘出具体的形象，所以给孩子读图画书时，孩子看到精确描绘故事语言的画面，对于他的成长有很好的作用。

父母可以将孩子抱在膝盖上，彼

此互相感知身体的温暖，一同享受读书的乐趣。长久以后，我们就会发现，因为在这些活动中感到快乐，孩子会爱上读书，亲近语言和文字，不知不觉你会发现宝宝言语中的词汇丰富了，积累的知识更多了，对周围事物的理解也在不断加深。

不要刻意纠正宝宝的"发音"

发音的问题，世界上所有国家的宝宝都会遇到。在宝宝开始说话的前几年里，这个问题会一直存在。而且有时候，父母会发现宝宝的"口音"很难纠正，部分原因是由于宝宝的发音系统还没有发育完善。所以，父母不要为孩子发音不准而焦虑，而要耐心地等待孩子的成长。孩子长大一些以后，随着声带等发音系统的发育和健全，他的发音错误会越来越少。四五岁以后，孩子的发音就会越来越准确了。

Tips 与0～3岁宝宝的"对话要领"

1. 要慢慢地对宝宝说话，不要着急；宝宝说话的时候，你也要认真听。

2. 经常用清晰的语言，重复宝宝说过的话，加深他的印象。

3. 在情景中展开对话效果最好。你与宝宝就当前感兴趣或正做的事情交流的越多，孩子语言能力的发展就会越好。

4. 经常对宝宝说一些新词，让他学会理解更多的词，同时要让他有机会运用。

5. 教宝宝用标准的普通话说。

6. 经常给宝宝讲解某件物品可以用来做什么，或者新玩具怎么玩，并进行演示。

7. 每天至少给宝宝讲一次故事。特别是晚上睡觉前给孩子读一些有趣的故事，效果非常好。

小测试 宝宝对语言的理解能力怎么样？

当宝宝 14 个月左右时，可以在家里进行一次简单的测试，看看他对语言的理解能力怎么样。

测试方法：让宝宝坐好，在他面前放 5 ~ 6 件他熟悉的物品，如一个水杯、一个奶瓶、一串钥匙、一个球和一辆玩具小汽车。你问他："球在哪儿呢？"（不要用手指向球或眼睛看着球）如果他拿起一件东西给你，不管是不是球，你都要夸奖他，然后把球放回去，再让他拿另外一件东西。如果他能较准确地用动作回应你的问话，说明宝宝的语言理解能力不错。

提示：测试时只用语言，而不要使用手势。

Tips 什么情况你需要担心？

- 13 个半月，还不会有意识地发 "DaDa" "MaMa" 的音。
- 21 个半月，你说一个身体部位的名称，他还不能指出来。
- 3 岁还不会说自己的名字。

实用妙招

指偶表演

适合年龄：1～3岁

玩法：

1. 准备几个手指玩偶。

2. 你和宝宝各戴一个手指玩偶，然后进行对话表演。你用简单而生动的语言说出来，就像玩偶自己在说话一样。比如："我是小鸭子，你是谁呀？"引导宝宝说出自己的名字。根据宝宝的语言表达能力，引导他说不同的话。遇到宝宝不会说的词，你可以教他说。

3. 随着宝宝年龄的增长，可以增加交流内容的难度，比如让宝宝自己想象自己的角色，说出自己的想法。

效果：用这种方式帮助宝宝练习发声和交流，宝宝一定非常喜欢，而且对培养孩子的语言表达能力也很有帮助。

说悄悄话

适合年龄：2～3岁

玩法：让孩子一会儿小声地说句悄悄话，一会儿又像演讲似的大声说话，语调忽高忽低，变化多端，会给宝宝许多新鲜感。

效果：对已经掌握的单词，现在增加了新的表达方式，对孩子来说是非常有趣的，同时孩子的语言能力也自然得到了提升。

模特宝宝：王含玉

相关推荐

推荐图书

阿甲、徐凡 等著
《中国父母最该知道
的儿童阅读100个关键
问题》北京出版社

葛翠琳 著《山林
里的故事》（共5
册）
少年儿童出版社

张秋生 著《小巴掌
童话》中国福利会
出版社

圣野、吴少山选编
《儿歌三百首》浙
江少年儿童出版
社

（日）中江嘉男 文
（日）上野纪子 图
《可爱的鼠小弟系列
绘本》（第1辑6册；第
2辑6册）南海出版社

推荐网站 父母必读育儿网 http://www.fumubidu.com.cn
汀妈壮妈精彩童品推荐 http://www.zzmmttm.com
蓝袋鼠 http://www.landaishu.com/home/index.asp
小书房 http://dreamkidland.cn

第③章

才艺培养 5 堂必修课 ＋ 26 堂选修课

本章摄影支持/北京巨人学校幼教中心

摄影/权五民、史国芳 等

一、孩子的音乐才艺培养

必修课1 学习乐器，享受音乐

关于学琴的故事，每一个家长都会讲上三天三夜。各家有各家的酸甜苦辣。

一个有趣的现象是，如果你去问问家长，您自己爱音乐吗？欣赏音乐吗？您的家里有些什么样的曲目？您体会过"绕梁三日，不绝于耳"的感受吗……可能大多数家长都会露出点"这跟孩子学琴有什么关系"的表情；如果你再去问问音乐教育专家，这么多的琴童，这么多人在练琴，咱们的音乐教育是不是很好？专家们则会说：许多孩子还没有条件按照自己的兴趣来选择乐器，很多学琴的孩子并没有从心底产生对音乐的热爱。

这提示我们去思考学琴外的很多问题。

不错，学琴是要学技巧，"没有声音，再好的效果也出不来"。但是，如果除了技巧还是技巧，那学琴简直就是苦役。很多家长都在说，我们让孩子学琴并不是一定要他当演奏家，而是要培养他的音乐素养和毅力。然而在练琴过程中，我们往往只剩下了毅力而丢掉了音乐享受。在一个技巧很高但不愉快的孩子和一个技巧一般但非常快乐的孩子之间，您选择哪一个？当然，也存在着为数不多的技巧很好同时又很快乐的孩子。在国外，很多从音乐院校里毕业的人，并没有从事专业的演奏工作，而是在当音乐教师、图书管理员——传播音乐的美好感觉。

音乐是表达心声的又一种语言，是对生命的一种思考方式。而乐器能帮助人们实现这些愿望。比如，著名钢琴家傅聪，其父傅雷虽然不是专业的音乐家，但他是一个音乐欣赏的专家。从他们父子的通信中，你可以看到他们对音乐交流之深入。他们的家庭既重练琴也重熏陶。而且，这种熏陶不是做作的，而是在不知不觉中进行的，音乐本身就是他们生命的重要部分。

说来说去，这么多孩子学琴总是社会进步的表现，是我们这个民族文化素养提高的表现。要是在孩子学琴的过程中，我们当家长的能和孩子一起戴上耳机，走进音乐厅，让家中经常响起优美的旋律，那我们的孩子会把音乐、乐器当成自己的好朋友。

(徐凡)

音乐智能小测试

请父母根据以下表格中的项目，评价孩子的音乐智能。方法是：评价孩子的表现符合下表中每一种描述的程度。其中：

1= 完全不符合，2= 基本不符合，3= 有些符合，4= 基本符合，5= 完全符合。

完成所有单项的评价后，把各项得分加起来，就得到了孩子在音乐智能上的得分。

智能类别	观察项目	评 价				
音乐智能	1.能随音乐舞动身体	1	2	3	4	5
	2.喜欢听音乐，经常专心聆听	1	2	3	4	5
	3.能自由哼唱一首曲子	1	2	3	4	5
	4.讲话或肢体移动时很有节奏感	1	2	3	4	5
	5.喜欢听音乐家的故事	1	2	3	4	5
	6.能完整唱出一首歌	1	2	3	4	5
	7.会敲奏乐器	1	2	3	4	5
	8.能自由创作儿歌	1	2	3	4	5
	9.音乐走调或出错时能及时发现	1	2	3	4	5
	10.能随音乐用手打拍子	1	2	3	4	5
	合　计					

热点问答

Q1：听音乐会使人变得更聪明吗？

A：美国佛罗里达州和加利福尼亚州的政府在半年前开始立法，规定每一名新生婴儿都必须获赠莫扎特与贝多芬的音乐激光唱片，因为研究显示：聆听这两名大师的音乐能够提高儿童的智商。而且，伟大的科学家爱因斯坦酷爱音乐，他甚至说过，自己拉小提琴的造诣绝不逊色于他在物理学方面的过人才华！到底他的高智力与自小学习拉琴的经验有多大关系？

到目前为止，没有科研结果具体证实音乐对提升智力究竟有多大帮助，但是有些音乐能让孩子有较稳定或舒畅的情绪，以及积极、旺盛的精神状态，使他更容易发展想象力、注意力、理解力和记忆力等。有人发现，有些经过训练，能看着谱演唱和演奏的学生，一般来说各门功课的学习成绩都较优良。这可能是因为这些训练培养了他们的速视能力和审美水平，锻炼了他们的脑神经的接受能力和反应能力。

适当使用音乐作为刺激学习兴趣和活动教学的媒介，能帮助孩子学得更愉快、反应更灵活，更容易有聪明的表现。

（曾有娣）

Q2：孩子多大开始学习乐器合适？

A：有一些幼教机构为了能够吸引家长，扩大生源，声称自己是音乐特色园，可以让孩子从3岁起就学习某种乐器的演奏。这的确对家长非常有诱惑力。

但这里面存在两个问题，需要父母仔细把握。第一个问题是这种乐器是否适合从3岁起就开始学？第二个问题是学校是否能够请到足够多适合教幼儿演奏乐器的教师？

对于第一个问题，我们需要强调的是，学习乐器演奏一般都是从小开始，但不是越小越好。

对于初学年龄，不同的人一直有着不同的说法。以学小提琴来说，3岁的孩子就不适合。理由如下：

第一，3岁的孩子，无论是大动作还是精细动作的发育都还不够成熟，有些孩子筷子还没有拿顺，动作也不够协调，因此持弓子和左右手配合演奏会有相当的困难。

第二，3岁的孩子唱歌也唱不太好，嗓子的条件还不完全成熟，音准、节奏都还掌握不住。而良好的音准、节奏恰恰是学唱歌和学好小提琴等的必要条件。

第三，3岁的孩子坐不住，站不住，坚持性还比较差，半分钟的小曲子可能也坚持不下来。

第四，这个年龄的孩子对音乐的理解力还比较差，教他识乐谱很困难，如果硬要这么大的孩子靠背手指动作来学习，容易养成一些不良习惯，将来难以矫正。

> 总之，统一要求3岁的孩子静下来学小提琴，是违背孩子发展特点的，很可能会事倍功半，甚至徒劳无功。

这么大的孩子，更需要自由的游戏活动，伴随游戏活动进行一些音乐欣赏对他们提高音乐素养更为有利。

至于学钢琴，和小提琴不同的是，钢琴每个键都有准确的音，孩子开始学习的时间可以稍早一些，比如从4～5岁开始学，并一直坚持下去，成绩不错。

吹奏的乐器，如小号、长笛等对孩子牙齿长齐否以及肺活量有一定的要求，最好等孩子大一些，十来岁以后再开始学习比较好。

对于幼儿音乐教师的问题，要强调的是，由于幼儿的个体差异很大，幼儿园要请到足够多的老师给孩子以具体的指导是很不容易的。而在孩子的学习中不恰当的要求可能导致孩子产生两种倾向：第一种倾向是，严格而枯燥的练习使孩子厌恶乐器学习；第二种倾向是过于宽松的训练，可能使孩子没有能够从开始养成良好的习惯，基础没有打好，会给以后进一步学习带来障碍，这些都不利于孩子音乐能力的发展。

（贺大钧）

Q3：孩子学琴，个人单独授课和集体学习哪个更好？

A：个人单独授课，每次课收费相对高一些，但最大的优势在于即便是45分钟一节课当中，教师可以一对一专心指导全部课时，并且比较容易把握孩子的特点，进行针对性的指导；而集体授课，即便每节课90分钟，除去准备时间，每个孩子平均得到的指导时间相对较少，老师不容易针对每个孩子的特点因材施教。

单独授课，若教师属于耐心细致型的，孩子受益较大；但若老师比较严格、批评较多，则孩子独自承受压力和挫败感，这对于孩子也将是很大的考验。

集体授课也有优点，首先同学之间可以互相激发兴趣、取长补短。如果遇到爱批评的严格的老师时，老师的批评、指正所带来的压力可由孩子集体分担，而不用独自承受。另外，当老师纠正别的小伙伴的动作时，当事人以外的孩子都能同时受益并能避免犯相同的错误。但特别要注意的是集体授课的师生比不能过于悬殊，超过了1:10，效果很难保证。

无论是单独授课还是集体授课，如果孩子遇到的老师比较严格，回家练习时，父母就要更多地给予孩子肯定和鼓励。同时，可以适时地与老师进行交流，将孩子遇到的心理上和技术上的问题及时反馈给老师，以便老师作出适当的调整。

（贺大钧、徐凡）

Q4：怎样选个好的音乐老师？

A：据调查，父母给孩子选择老师，占第一位的是"经熟人介绍"；第二位是"碰运气"；第三位是"考察教师的资力和经验"，而通过观察老师的教学方法选择老师的父母是比较少的。

老师，是孩子踏上音乐之路的引路人。孩子能否入门，能否坚持，除了和孩子的天资、个性、父母的态度有关以外，很大程度上取决于老师的引导是否得当。

在给孩子选择音乐老师的时候，父母要明确自己让孩子学习音乐的目的。无论是希望孩子去考级、去走专业化道路，还是希望孩子能够自娱自乐，父母都有一个共同点，就是希望通过学习乐器演奏，让孩子更加理解音乐，更加热爱音乐。所以建议父母从以下几个方面观察、判断。

第一，老师功底的深浅。有的老师自己刚刚学会，还没有领悟好，很难把真正的音乐的感觉传授给孩子。

出镜教师：刘芳

第二，老师是否了解音乐教学的规律。如果为了追求表面效果，没有教孩子一些基本的规范，孩子养成了不良习惯，纠正起来就很困难，很可能会成为他继续学习的阻碍。

第三，老师是否有传播热情。每个人对音乐的感觉，对乐器的接受能力的差异是非常大的，需要有因人而异的指导。这就要求老师有较高的音乐素养和传播热情。如果是教幼儿，还要多加上一条，就是要会使用孩子能够理解的语言。

第四，老师适不适合自己的孩子。一个老师一个教法，一个孩子一个脾气。只有老师和孩子配合得好，孩子信服老师，老师的话孩子能够理解，才算找到了好老师。当你发现孩子的老师和自己的孩子之间不能够融洽地沟通，继续下去孩子有可能会反感音乐的时候，可以考虑换一个老师。

第五，和周围的亲戚朋友多交流。发现孩子练琴有困难时，先可以把自己的问题和周围的亲戚朋友讨论。特别是那些孩子也在学琴的父母，他们的信息往往会帮助你解决难题。有时候，请另一个孩子的老师看一看，可以帮助你决定是让孩子继续、暂停还是换一个老师。

（贺大钧）

Q5：父母怎样陪伴孩子学琴，才利于孩子坚持下去？

A：大部分孩子学琴都有父母在身边陪伴，所以不少父母感叹："孩子练琴其实是练父母，孩子学不下去主要是爸妈难以坚持。"资深的教师也认同这个说法，他们的经验证明，学琴进步快、兴趣稳定的孩子背后，一定有父母的积极支持。

父母的第一个关键作用在于为孩子营造一个热爱音乐的氛围，和孩子一起感受音乐的美好，协助老师鼓励、激发孩子的兴趣，促使孩子找到学习的动力。例如让孩子多听相关的乐曲CD，给他讲音乐家学琴的逸闻趣事，带孩子听音乐会，丰富音乐素养，同时积极提供表演的机会，做孩子的"忠实粉丝"。

第二个关键作用在于结合家里生活的节奏，帮助孩子安排好时间，形成好的练习习惯，体验持之以恒的效果。

父母的第三个关键作用在于对孩子的陪伴。观察孩子上课过程、了解孩子的进度、关注孩子的情绪起伏和兴趣点的变化，适时、适度地提醒、激发，这种陪伴对于孩子能否爱上学琴并且坚持下来影响很大。但陪伴并不是要求父母包办一切，父母不应也无法替代教师的角色。不少父母认为辅导、陪练，就是当秘书和督察，需要时刻注意孩子识谱、音准、指法、动作方面的失误，事无巨细帮助孩子做笔记，课下当课外辅导员，进行纠正、点拨。其实，要想孩子保持兴趣，父母需要把自己的角色与教师的角色区分开来。老师纠正某个动作，是基于对于孩子动作整体协调的把握和观察，而父母听了某一堂课，学着老师的指令纠正孩子时，往往忽视对整体的把握，容易矫枉过正。这样做还会产生另一个负面作用：与孩子发生矛盾，"不对，老师没让胳膊抬这么高""老师不是这么说的"之类的争执由此而起。长此下去，还会引发更严重的负面结果——使孩子丧失学琴的主动性、责任感，产生依赖心理，把学琴当成了父母的事，练琴不用心。所以，当发现孩子演奏时动作错了或没有落实老师的指导时，父母可提醒孩子回忆课堂上老师的指导，但不要直接上去纠正。

（贺大钧）

Q6：儿子钢琴考过了10级，可不少人说他的琴声干巴巴的、不好听，这是为什么？

A：世界顶级的指挥家小泽征尔每年都定期回故乡——日本，指挥日本最高水平的交响乐队演出。对于演出效果他曾感慨：日本乐团演奏家的技巧都是一流的，但是这里没有空气。

西洋乐器的绝大多数经典曲目产生于西方文化背景，若没有对曲目背后文化的理解，仅靠正确的技法是无法让音符说出故事的。

好的老师在教学时，除了下工夫让孩子把识谱、音准、指法、动作等硬性标准学会，也很看重启发学生对音乐的理解、想象，花心思讲解所学习乐曲的特点、内涵和背景，同时做好示范演奏，让学生体会和模仿。

前些年，音乐考级曾与升学挂钩，导致父母功利地看待考级制度，追求获得考级证书，而忽视了音乐学习的本质是让孩子爱上音乐，丰富生活，表达情感。

在考级过程中，虽有对于音乐理解和表现的考察项目，但实际很难精确考评，特别在识谱、音准、指法、动作等其他硬性标准全都通过的情况下，音乐表现力很难成为定夺的砝码。因此，老师和父母更重视那些能考评出来的硬指标，孩子对音乐的理解和表现往往被放到次要位置。

没有对作品深刻的理解和丰富完美的表现力，技巧再娴熟，演奏出来也干巴巴的、不会好听。虽然这种专业的启发点拨主要靠老师，但为了提高孩子的文化素养，父母也可以配合孩子学习的进度，多带孩子听音乐会，找一找相关的音像、图书资料，这样做有助于加深孩子理解音乐作品，提高音乐表现力。

（贺大钧）

选修课

选修课1　钢琴

钢琴是源自欧洲的键盘乐器。因其音域宽广，音量宏大，音色富于变化，能精妙地表达复杂的音乐情绪，还可以模拟整个交响乐队的效果，而被誉为"乐器之王"。

现代钢琴有 88 个琴键，达 7 个 8 度，超出钢琴能弹奏范围的低音或高音，人耳一般很难分辨。现代钢琴因形状和体积的不同，主要分为立式钢琴和三角钢琴。

在高桥文化艺术中心的学琴体验充满欢乐

钢琴学习早知道

学习钢琴的益处

1. 钢琴本身还是一所功能齐全的音乐学校。

著名钢琴演奏家李云迪、陈萨的老师、我国著名钢琴教育家但昭义教授对于钢琴的特点和益处曾作了这样的概括：钢琴本身还是一所功能齐全的音乐学校，通过它可以使我们学到许多构成音乐的基本要素，认识和理解音乐表现的特殊规律，掌握更高的技能技巧，达到全面提高音乐素养，培植深厚文化艺术功底的目的。不仅如此，钢琴又是所有乐器中唯一能够始终以最轻松的端坐姿态，以肩、臂、肘、腕处于最自然状态下演奏的乐器，所以它可以在学习和演奏的过程中，省却我们身体上的负担，减少动作上的别扭，以便保持自由自在的最佳状态。

2. 有利于培养人的逻辑思维和创造性思维。

美国著名作曲家、教育家赫伯特·齐佩尔博士说："学习钢琴不仅是为了艺术、为了娱乐，还是为了训练头脑，发展身心，这方面的作用是非常重要的。"由美国科学家组成的教育研究与发展专门小组提出如下看法：科学成就的高低与人类个体经验的广度之间有一定的联系。热爱音乐，小提琴造诣很深的爱因斯坦是一个典型的例证，他曾说："在科学思维中，永远存在着音乐元素，真正的科学和真正的音乐要求同样的思维过程。"在美国，普通学校的音乐教育目的并不是为了培养音乐家，而是为了培养和提高国民的素质，而其中最重要的是培育人的创造性。

我的孩子适合学钢琴吗?

这是几乎所有准备让孩子学琴的中国父母都要问的一个"专业"问题。只要手指没有残疾,就可以弹钢琴,所有的乐器都是为正常人设计的。上个世纪50年代前苏联钢琴学派认为:弹钢琴要挑选手指又细又长、跨度大并灵活的人。这种观点现在落后了。我们现在强调重量弹奏,而细手指灵活但不容易弹出音量来。世界著名钢琴演奏大师鲁宾斯坦手指几乎和琴键一样宽。总之,不管手指长短粗细,灵活和音量都可以靠科学的方法训练出来。

几岁开始学合适?

作为键盘乐器,钢琴每个键都有准确的音高,利于孩子听辨把握。一般4岁到4岁半之间开始学习钢琴的孩子相对较多,也有3岁半就开始学的。年龄不是绝对的标准,重要的是看孩子的心智发展状态是否能适应学琴的需要,例如看一看孩子是否具备聆听老师指导的理解能力,孩子的大动作和精细动作的是否发育成熟,注意力和坚持性是否较好。

巧购钢琴

一般父母让孩子作为业余爱好学琴多选择立式钢琴,它的特点是价格相对容易接受,占用空间小。三角钢琴一般适用于正式演出或专业学琴的人。

钢琴必须挑选品牌。不管是中国的还是世界的名牌,都会有比较长的历史,品牌也始终不改,这样的产品质量是牢固可靠的。有些钢琴厂家频繁地改变品牌名称,花色翻新,往往是处在磨合期和产品不定型期,挑选起来应该慎重。

同样品牌、型号的产品也都不一样,需要挑选。钢琴虽然是工业化的产品,但仍有3000多个部件要靠手工完成,所以每架钢琴的手感、音色、触键重量等都不同。

钢琴是非常专业的产品,挑选时尽量听取专业人员的意见或请专家帮助,而不是仅仅听信厂家和店铺的宣传。

支付合理课费

北京、上海、广州等大城市的课费较高;地方城市会相对低一些。

集体授课:每课时45～60分钟,60～80元／课时。

单独授课:每课时45～60分钟,100～500元／课时。

爱上钢琴好方法

激发兴趣好方法

1. 让你的家里总是乐声缭绕。

音乐既是生活的花边和点缀，更应该成为生命的一部分。而且应该在不知不觉间进入孩子的生活，让孩子从小与美妙的音乐为伴。如果你家里本来并不听音乐，但是却希望孩子从某一时刻开始正经八百地学习钢琴或是其他什么乐器。这样学"音乐"，不但得不到美的享受，有时甚至还会把音乐当成负担。如果你希望你的孩子比别人多一点乐感和多一点精神世界的刻

痕，那最简单的方法是让你的家里飘荡着音符。音乐本身并不是专供音乐家消费的，音乐是大众的美食，只要你愿意为自己和孩子去"烹制"。电视节目中的音乐会、原版 CD、磁带、经典儿童动画片中好听的主题歌、练琴声、家庭音乐会……让音乐成为你家庭生活的一部分，深深根植于日常的生活中，这将给孩子带来潜移默化的影响。不必刻意找专门的时间，你只需要在吃饭的时候按下播放键，并不需要比别人多做什么。

2. 父母对音乐发自内心的热爱，最能引发孩子的兴趣。

接触音乐不需要门槛，只需要热爱。这种热爱应是发自父母的内心，而不是用此来换取入学加分。父母给孩子选择学习钢琴之前，要先问自己：我们是不是从内心喜欢音乐？我们会不会和老师一起引领孩子进入深邃的钢琴世界？我们会不会因为路途辛苦或者今后孩子学业紧张就半途而废？我们会不会只需要客厅里摆放着钢琴的那种感觉？如果父母内心没有对音乐的喜爱，只是本着功利的目的想让孩子上道，那么即便花再多的时间、精力和金钱，孩子的兴趣之花可能依然无法绽放。

3. 学音乐就和学语言一样自然。

学说话是一个字、一个词、一句话、一个段落地学；学音乐也一样，一个音符、一组音程、一组和弦、一个乐句、一部曲式地学。在国外老师和父母都把学音乐当第二语言。学音乐会使孩子善于聆听、沟通和表达，甚至可以帮助孩子塑造更深的内心世界，表达无法用语言表达的情感。所以学音乐就和学语言一样自然。

4. 音乐启蒙到位才能培养好的乐感。

父母很小就应让孩子接触音乐，接触美丽的声音。但是，注意不要以为孩子小

就可以随便对付，声音的品质不可以简陋、粗糙甚至错误。提倡让孩子快乐地学音乐，不是用音乐逗孩子乐，只是方式是吸引幼儿的方式。钢琴就是孩子的大玩具，所有具有专业水准的音乐产品、游戏、教具都会让孩子记住非常准确的声音，最好不要一开始就让孩子记住错误的声音，那会伤害孩子的乐感。

保持兴趣好方法

1. 站在孩子的立场，多一分理解和耐心。

很多真诚地回答"喜欢钢琴"的孩子，很难预料这个选择到了一定时候，会有艰难的时刻。因为学习钢琴没有永恒的"小汤"（只供幼儿练习的权威钢琴教材），琴键不会永远只蹦出简单的音符，仅模拟隆隆的火车声或者钟声。很快，曲子的难度和练习的枯燥都会迎面而来。学习演奏钢琴，孩子需要在一瞬间做到识别音符、迅速而准确地弹奏琴键、注意正确手形、监听音和节奏是否有错等一些系列的工作。这样的难度之下，如果父母有勇气挑战一下，就会体会要求孩子不出错有多难了。

父母如果能设身处地站在孩子的立场，就会对孩子多一分理解和耐心，就不会动辄责备和批评了。

2. 反思让孩子学琴的初衷，积极鼓励孩子的点滴进步。

弹琴是生活的一个真实的部分，应让孩子为生活而弹琴，在鼓励中弹琴，而不是反过来，为弹琴而生活，在责骂中弹琴。面对孩子总是不主动练琴、拖延时间甚至闹情绪、发脾气，父母往往忍不住心头火起，甚至还会产生一连串疑问：自己是否做错了选择？孩子也许天生不是学钢琴的料？童年的快乐与往后的成功哪个重要？比起与孩子展开无休止的拉锯战，父母更应该回想一下让孩子学琴的初衷——丰富生活情趣、享受音乐带来的快乐。确认了让孩子学琴的目的，父母就容易调整心态，做个开明父母，这样的做法反而会快乐和有效得多。例如父母可以允许孩子暂时跳过他"最难过的关卡"，一段时间以后，孩子能力强了可能很轻松就过了。父母应经常和孩子一起回想他从零起步以来的点滴进步，热情地指出他的闪光点并肯定孩子的每一分努力。

3. 多为孩子提供表演展示的机会。

多让孩子与对钢琴有兴趣的同龄小伙伴接触、交流，多为孩子提供在家人和亲戚面前表演的机会，也是让孩子保持兴趣的好方法。小伙伴的相互激发和家人的热情的鼓励和赞赏，往往能让孩子体会极大的满足感。当然父母不失时机地引导，也能让孩子逐渐明白收获来源于付出，掌声来源于努力——不仅仅弹琴需要这样，任何事都需要这样。

教师的关键作用

1.启发孩子欣赏和记忆。

当孩子开始学习有难度的乐曲时，老师的作用非常关键。有难度的音乐往往是最美的，孩子年龄小不能理解，但他能听。就像中国的古诗词，要靠老师来吟诵、解释。孩子对美的旋律的记忆是惊人的，他可能不会弹，但是他会感受。学习难度较大的乐段，像学古诗。孩子一定是先听，说一个字，然后说词组，再说短句子，说一件事，学现代文，最后才学古诗词。而学古诗也是先学《咏鹅》，最后才学那些鸿篇巨制。

2.给孩子讲解，和孩子一起理解。

让孩子听得懂，而且有效果，是一门专业学问。不管是父母还是老师，谁不懂这门学问，孩子就不会喜欢谁。在国际上，钢琴系通常分为3个专业：钢琴演奏、钢琴教育和钢琴录音。教孩子钢琴，就是钢琴教育专业一个专门的课题。该怎么给孩子讲解难度？例如有一段左手部分和声很难，可以打个比方：有好几只动物一起出现了。最快的是羚羊，紧跟着的是豹。羚羊不能跑慢，慢了就会被豹吃掉。再比如学生弹巴赫《小步舞曲》，全弹对了，但他可能没全理解，这时可以这样告诉孩子：左手是一个人，右手是另一个人。右手非常热情，总是在提问：你好吗？你叫什么名字？你喜欢什么？你还喜欢什么？左手应该怎么办？应该问一句答一句，问什么答什么，不能这样答（模仿孩子不对的琴音）：你好吗？去你的！

3.变"苦练"为"乐练"，激发孩子对钢琴持久不衰的热情。

好的老师应该是让孩子盼着下次上课。首先老师必须改变"苦练"的观念，应该让孩子"乐练"。孩子学琴练琴应该充满兴趣和快乐，在快乐当中，孩子克服难关的劲头会更大。当然，孩子该下的工夫也必须下。老师需要指点父母弄清楚孩子的问题所在。练习每首曲子都有的放矢。如果孩子某段曲子练不下去，可以用别的办法或用别的曲子来练，有时还可以暂时跳过去，弹后面的曲子，过一段时间返回来，难题可能轻松解决。学琴最怕一成不变，用一个套路去套所有的学生。只要老师因材施教，因人而异，积极鼓励，准确地把握孩子的问题并及时地调整引导的方法，就能激发出孩子对钢琴持久不衰的热情。

最初让女儿学钢琴，我没想得太深，只觉得能让孩子多一些音乐素养，多一条享受生活之美的途径。学琴不久，老师称赞女儿乐感好、悟性强，有培养前途，每周多给加了两首练习曲。老师的肯定，让我分外高兴，我开始起劲地每天督促女儿练琴，可没过两个月，女儿一提练琴就愁眉苦脸，甚至抹眼泪，我们俩每天都为练琴展开拉锯战。在我大发了几次脾气之后，女儿彻底罢练了，并拒绝去上钢琴课。满腔的希望和付出换来的这个结果让我难以接受，但我明白僵持下去不是办法。于是，我向周围很多有经验的妈妈求教，并通过上网、查阅相关书籍，向教育专家咨询来寻找解决办法。

经过再三思考，我同意了女儿的请求，暂停了钢琴课。钢琴被搁置起来，但每天家里依然播放着优美的音乐。为了做到"身教"，我给自己买了一些音乐书籍，以加强自己对音乐的理解和兴趣。读到有趣的音乐家的故事，我会给女儿讲一段。我经常看剧院和音乐厅的演出信息，碰到女儿喜欢的演出，就陪她去看。虽然钢琴课停了，但我和女儿对音乐的兴趣却都反而加深了。

一年以后，女儿学校班里同学一起排演舞蹈节目，因为女儿节奏感好，被老师指定为"领舞"，伴随着优美的钢琴声，女儿和同学的演出很成功。就在这次演出之后不久，女儿主动提出想继续学钢琴。

经过慎重考虑，我给女儿物色了一位儿童教育经验很丰富的钢琴老师。老师能根据女儿的特点，对课程内容和进度做了个性化的安排。我在课下陪孩子练琴时，也不断反省"陪法"，力求让女儿主动去面对每一节钢琴课，坚持让她课下自觉练习，即便她弹琴的音准、指法出了错误，也不轻易指手画脚。

邻家妈妈好经验

课下，我尽力为孩子提供在亲友面前展示才艺的机会，同时来自学校老师和伙伴们的肯定，作用也非常大。幸运的是女儿一次又一次得到在学校小试锋芒的机会，不仅增强了她的自信心、成就感，更加激发了她对学琴的兴趣与责任感。

随着女儿琴艺的长进，女儿的责任感、毅力都大大加强了。尽管学琴占用了不少时间，但女儿的学业不仅没有受到影响，学习效率更高了。如今，练琴对女儿已经不再是负担，在紧张的学业间隙，她总会主动地抓紧时间坐在钢琴前。每次听着从她手指间流淌出来的优美音符，看着她那投入陶醉的表情，我觉得女儿已经从钢琴学习中得到了丰厚的馈赠。

受访专家：

高桥雅江

日本钢琴教育家，美国布鲁克林音乐学院钢琴学士、钢琴教育硕士，中央音乐学院客座教授，中国音乐学院客座教授。

参考信息

关于考级

考级的话题，无论是专家还是父母，都已经议论得太多了。考级有很多积极作用：可以验证孩子的学习效果，衡量老师的教学水平等，但考级也是把"双刃剑"，用不好会伤害孩子学琴的兴趣和积极性。我们更该重视如何利用考级的长处而又不伤害孩子。中央音乐学院周海宏教授曾在《父母必读》专题刊《音乐启蒙哆，唻，咪》"再问考级"一文中的建议如下：

以下几种情况的孩子不适合考级：

- 教师对学生的整体发展有所安排，认为长期集中精力于考级曲目对孩子全面发展不利。
- 平时对学琴有失败感、感到学琴很痛苦的孩子。考级的结果对他们本来存在的退缩心理无疑是雪上加霜，甚至会给他们的自信心以毁灭性的打击。
- 平时很难完整、流畅演奏曲目（表演）的孩子。他们在评委面前可能会更加紧张而表现更差。

相关网站　中国儿童钢琴网 http://www.childpiano.com
高桥文化艺术中心 http://www.artgaoqiao.com/index.asp

推荐图书　魏廷格　著《钢琴学习指南——答钢琴学习388问》
人民音乐出版社

选修课2 小提琴

选修课2

小提琴是弓弦乐器中流传最广的一种乐器，起源于意大利，是自17世纪以来西方音乐中最为重要的乐器之一。小提琴的琴身是木制的，琴弦是金属丝，琴弓由木制弓杆和马尾制成。小提琴是提琴乐器中的高音乐器，音域宽广、音色优美，与人声相似，艺术表现力极其丰富。它既能奏出轻盈悦耳的旋律，也能发出铿锵有力的和弦，它不仅是一种最理想的独奏乐器，在诸多乐曲合奏、重奏中也占有主导地位，大型交响乐队中，小提琴的演奏员就占了1/3。

模特宝宝：李泽平

小提琴学习早知道

学习小提琴的益处

1. 有助于练出孩子灵敏的听觉和培养做事专注的习惯。

相对于钢琴等有固定音准的键盘乐器，小提琴是弦乐器，琴上没有音高标记，孩子的手指按压的位置稍有偏差，音就不准了。所以练习过程中，要求孩子精力高度集中，眼睛扫视乐谱的一瞬间，必须完成以下的综合判断和操作：认出音名、判断指法、迅速按弦，同时用耳朵检查音按对否，判断节奏，判断是否需要连弓、分弓，同时右手要在相应弦上运弓。如果孩子不用心、不专注，就无法顺利完成这一系列的过程。日复一日地学习体验，不仅能练

出灵敏的耳朵，对培养孩子做事专注的习惯也大有益处。

2. 提高孩子的音乐素养和审美情趣，陶冶情操。

音乐作品中，尤其是西方音乐作品中，小提琴的经典曲目繁多。学琴学到一定阶段，就要接触很多音乐大师的经典作品。音乐大师们都有着很高的思想境界和深厚的艺术修养，对所处时代有着深刻的洞察和思考，受到人们的尊重。孩子通过了解、演奏他们的作品，借助音乐的密码，能逐渐体悟音乐大师的思想境界，陶冶情操。但这是需要长期积累的，不可能立竿见影。

3. 有助于激发孩子的想象力、创造力。

学习时，孩子既会遇到易于理解的乐曲，如表现舞蹈场面的舞曲、有具体主题的《野蜂飞舞》、《动物狂欢节》等乐曲，也会学习无标题的曲目。无标题的乐曲的内涵抽象、不确定，需要在老师的启发下，让孩子调动想象力、创造力去体悟音乐内涵。不同的人的理解各不相同，能在无形中激发孩子的想象力和创造力。

我的孩子适合学小提琴吗？

只要手发育正常，听觉没有障碍的孩子都可以学习。

几岁开始学合适？

在人们印象里，小提琴似乎和"童子功"密切相连。古往今来，中外著名演奏家开始学琴的年龄大多在 3～6 岁之间，4～5 岁的最多，个别的也有 7～8 岁的。

孩子一般从 5～6 岁开始学习小提琴比较好。这时，孩子动作发育相对成熟，精细性和协调性都相对较好，

掌握持弓的动作和左右手的配合都会相对容易。6岁左右的孩子掌握音准和节奏的能力、理解力、坚持性都进一步增强，能开始学习识谱，并容易养成按时练习的好习惯。

实际上对于想学小提琴的孩子，如只作为爱好不走专业之路，多大年龄开始学都不晚。稍大些的孩子理解能力强，相对于较小的孩子在初学阶段接受得更快，因此，父母无需对开始学的年龄顾虑太多！

每次宜练习多长时间？

学龄前的孩子的注意力能够相对集中的时间一般不超过30分钟，所以每次安排练琴最好控制在30分钟左右。这个年龄段的孩子，一般都在上幼儿园，主要是靠回到家以后练习。若希望孩子每天练习超过半个小时，最好分两次，中间穿插一些相关音乐欣赏，或让孩子做些游戏放松一下。逐步地与孩子约定每天练琴的时间段，或根据课程的进度商定好当天练习的具体内容，如练习拉哪一段谱子，碰到特殊情况，可适当调整，让孩子逐渐形成定时练琴的习惯。持之以恒，不仅能在学琴上取得长足的进步，还将对孩子的品格产生积极的影响。

巧购小提琴

虽然小提琴有个"小"字，但孩子初学是无法使用成人用的小提琴的。小提琴的尺寸有大小之分，一般将成人演奏用的琴称为全琴（即4/4），之下从大到小分别有6种尺寸。不同尺寸的琴，适合不同年龄的人。

4/4琴适合身高155cm以上的人；

3/4琴适合臂长56.5～60cm，一般年龄在9～11岁；

1/2琴适合臂长52～56.5cm，一般年龄在6～10岁；

1/4琴适合臂长47～52cm，一般年龄在4～7岁；

1/16～1/8的小提琴一般是模型，较少用来作为初学用。

要选尺寸合适的琴，简单的判断方法是把琴放到孩子左肩与下颌之间，即摆出演奏小提琴的姿势，让孩子的左手臂顺着琴头向前伸直，让孩子用手掌及手指包住琴头，如果能包住琴头基本上就合适，如果包不过来，则琴偏大；如果琴长只到左手腕以里，则琴偏小。然后还要看码子高低，琴位之间角度是否合适。当然，音质也是选择的因素，不过儿童琴不必过分要求音质。因为儿童琴很难达到高质量的音质要求。

以北京等大城市为例，价格在400～500元之间的普通儿童琴就够用了，不必选择太贵的，而且贵的也不一定就质量好。初学用的儿童琴一般只用一两年，之后就要换琴了。

支付合理课费

北京、上海、广州等大城市的课费较高；地方城市会低些。也有一些地方的课费参照考级分为初级、中级和高级三个阶段，越往上费用越高。

集体授课：6～12人，每节课90分钟，50～100元／课时。

单独授课：每节课45分钟，100～200元／课时。

爱上小提琴的好方法

1. 耐心陪伴孩子走过起步阶段。

学琴过程中，很少有孩子会表示多么喜欢小提琴。只要孩子能高兴地上课，专心听讲，对老师的要求积极配合，课下能在父母的陪伴下练琴，就说明孩子是喜欢的。初学阶段的主要内容是识谱、姿势等基本方法，只有当孩子能拉出自己熟悉的曲调时，兴趣才会明显增强。因此，父母不要急于求成，要耐心地陪伴孩子，在他从不会到会的过程中多鼓励，让他体会到成就感，孩子就容易喜欢上小提琴。

2. 首先要注意保持正确的姿势。

姿势不对，拉出的声音就不好听。初练拿弓可以让孩子满把攥，先找对右手大拇指之外四指的位置，等四指的位置掌握后，再把拇指放到正确的位置上。

3. 启蒙阶段，多选孩子熟悉的乐曲练习。

教师根据教学目的，有计划地选择孩子最容易接受的教材，才能逐步培养孩子的兴趣。因为普通家庭的父母和孩子对西洋音乐的文化背景、曲调特征比较陌生，而孩子常常是因为不理解乐曲中的曲调特征而把音符拉错。如果音符错了，通过这些音符来达到学习某项技术的目的也就达不到了。我们提倡启蒙阶段要考虑孩子的兴趣，对练习乐曲有所选择、取舍。添加一些孩子会唱的歌或耳熟能详的乐曲，如《小星星》孩子更愿意练习，也更易掌握某一技巧。而且当孩子有机会在老师和同伴面前演奏时，一首大家都听过的"小曲子"，比一味地演奏难度大的练习曲效果会

更好。

4. 将练习中的问题分解、解决。

一定要把孩子练习中出现的问题进行分解，逐个解决，千万别几个错误同时纠正，否则不仅无效，还很容易挫伤孩子学琴的兴趣。

5. 多给孩子展示才艺的机会。

小提琴便于携带、便于表演的特点，有利于孩子展示才艺，这对保持兴趣有积极作用。很多学了多年小提琴的孩子直言不讳地说：不喜欢练琴，但喜欢表演。父母可以根据孩子的心理，适当地为孩子提供在亲戚、朋友和小伙伴面前演奏的机会，由此带来的成就感、荣誉感能对孩子坚持学琴形成持久的推力。有条件的话，积极促成孩子与学习钢琴的孩子一起演奏，效果会更棒。

6. 孩子间的交流切磋往往事半功倍。

班级、学校或地区举办的比赛，应鼓励孩子参加，因为这是孩子练琴付出得到精神回报的好机会。看到别的孩子拉的比自己好，孩子往往会觉得不服气或心生羡慕。如能巧妙引导，这种不服气和羡慕，就能变成孩子学琴的动力。而且孩子们之间交流，多听别人演奏，看到自己的不足，再得到老师和父母及时的点拨，往往事半功倍。

在家引导练习的妙招

1. 看待孩子的进步，要有平常心。

学琴、学习音乐，需要长期坚持，短期内无法突击。让孩子学琴，需要有坚持的心理准备。每星期一次课，每天陪孩子练习30分钟或一个小时。而且一两堂课很难看出孩子有什么明显的进步。上课时，老师主要是要给孩子纠正错误、指导新技巧，所以上课时父母听到的主要是老师在指导、纠正孩子没有做到位的地方，对此，父母要有平常心。只有从半年、一年这样比较长的时间段回头看时，才能发现孩子进步的幅度，看到他学习的积累。

2. 巧过拿弓和夹琴两道关。

小提琴初学阶段，拿弓和夹琴的姿势是两道关。最初孩子很怕夹不住琴掉下去以至于摔坏琴，往往夹琴的姿势很僵硬。为了让孩子放松下来，父母可以让孩子站在床边练琴，这样琴掉了也不会摔坏，孩子就不会太紧张了。

3. 逐步养成练琴的好习惯。

家里，父母要根据孩子的生活节奏帮助孩子逐步养成好习惯。什么时候做作业，什么时候练琴，每件事都应集中注意力认真完成。孩子很爱看电视，特别是看动画片、玩电子游戏机，有时会影响到做作业和练琴。父母既不能不让玩，也不能放任孩子，需要把握尺度。

4. 提供利于孩子开阔视野的音乐环境。

父母可以通过让孩子欣赏音乐会，看音乐相关图书、电视节目等，让孩子了解世界著名小提琴音乐家的逸闻趣事，接触西方音乐丰富有趣的历史，这些都能帮孩子从不同角度感受到学琴的乐趣。孩子喜欢的迪斯尼的很多动画片的配乐也都非常好，比如《猫和老鼠》，有一集猫弹钢琴老鼠来捣乱，猫弹的是李斯特的《匈牙利第二狂想曲》，音乐画面情节配合得丝丝入扣，很精彩。

> **受访专家：**
> **贺大钧**
> 原中央乐团小提琴演奏员，乐队副首席，从事小提琴教学40余年。

邻家妈妈好经验

女儿鸽子3岁多时，幼儿园开办电子琴班。我们想，这既可以让她玩玩，也可以晚接。于是也没问她，就买了一架电子琴。

恰在此时，幼儿园办了一个小提琴表演会。看到哥哥姐姐穿着漂亮的丝绒服装，在台上演奏好听的曲子，鸽子非常向往。当老师问谁愿意学小提琴时，鸽子高高地举起了小手。回到家，她坚定地告诉我们，她要学小提琴。

我们傻了，刚给她买了一架很好的电子琴呀！但是我们不占理：她本人并没有要求学电子琴，也没有要求我们买呀！我们只好把电子琴束之高阁，给她买了合适的小提琴，她真的开始学了。

学小提琴很苦。最初的课程不难，而且她也有兴趣，还能坚持下来。后来，当班上淘汰得就剩下两三个孩子的时候，难度也上来了。老师要求我们听课，回来后按照要求纠正孩子的问题。从这时候开始，我们发现孩子不喜欢小提琴了，说她不学了。

我们给她讲了很多道理，希望引导她坚持下来。但是效果不好。

有一天，我爱人试新买的摄像机，录了一段鸽子练琴的录像。我一看发现，录像中的自己简直是个"恶婆娘"：我不折不扣地按照老师对动作的要求来检查鸽子，几乎每一步都要纠正她。而就在这时，鸽子开始发脾气，不好好练，不断找借口，想办法分散我的注意力。

我突然明白了。从此，我不再盯着孩子，而是让她自己去尝试，适时为她指点练习的方法，并想方设法给她自信。比如把一支曲子分成几小段练，练熟后再连起来练；在她练不过去的时候，提示她"试试这样会不会好些"，在她累的时候，请她来当老师，听听我的"拉锯"声。我做得更多的，是给她买录音带，放给她听，也时常录下她自己拉的曲子放给她听。这样，她很快就能发现自己的问题，进步很快。

刚上小学时，为了让她更好地适应，我们主动给她停了小提琴课。但是不久后的一天，她对我说，中午休息的时候，她梦见了在漂亮的黑丝绒布上，有一把水晶做的小提琴，能自己演奏出好听的音乐。接下来的话就是：妈妈我还想学。就这样，停了不到半年，她就又恢复了小提琴课。

在孩子特别想放弃的时候，我们通过调整自己的做法，让她坚持了下来。这带给孩子的除了音乐素养的提高外，还有演奏技巧的提高。后来由于搬家，加上功课很忙，再次不得已停止了小提琴课，但她兴趣仍在，在她来了兴致并有时间的时候，还能捡起过去的曲子，自己练习。现在她上高中了，有时还会在自己的小屋里，把谱子翻出来，一拉一个晚上。

女儿的学琴经历让我感悟到：兴趣和技能是相辅相成的，一定的技能会让兴趣更持久。

（徐凡）

参考信息

相关网站 中国小提琴论坛 http://www.violinbbs.com/bbs
中国提琴网 http://www.cnviolin.net

选修课3　电子琴

单排电子琴属于电子乐器，发音音量可以自由调节。音域较宽，和声丰富，甚至可以演奏出一个管弦乐队的效果，表现力极其丰富。电子琴在独奏时，还可随意配上类似打击乐音响的节拍伴奏，适于演奏节奏性较强的现代乐曲。电子琴优秀的音质、节奏、键盘触感加上多方位的娱乐功能激发孩子极大的演奏兴趣。

电子琴学习早知道

学习电子琴的益处

1. 音色和节奏丰富多彩。

电子琴会让孩子在开发它的各项功能时越来越感兴趣而不会失去新鲜感。

2. 促进四肢的协调性和身体的灵活度。

坚持学习电子琴，对促进四肢的协调性和身体的灵活度，很有作用。

3. 了解多种乐器。

比其他键盘乐器，电子琴的优势在于可以让孩子了解多种西洋、民族乐器；通过手指触键的不同，感受不同乐器的奏法；学习编配不同音色和节奏，感受各种不同风格的音乐；更多角度地亲近音乐。

我的孩子适合学电子琴吗？

只要手发育正常，听觉没有障碍的孩子，就具备学习电子琴的先天条件。

几岁开始学适合？

5岁左右开始学习比较合适。孩子已经有一定的乐感和认知能力，手指的力量也能满足学习需要。

每次宜练习多长时间？

初学者每次练琴保持 10 ～ 20 分钟，之后随难度增加而增加。如父母引导得当，能做到坚持练习，进步会比较快。

巧购电子琴

孩子初学琴时如果家里没有琴可以在学校进行练习，但半年到一年后，随着难度提高，需加强练习，家中需配备适合孩子学习的电子琴。

电子琴可根据孩子的年龄适当选购。

比如，初学时可以选购娱乐、辅助教育功能较强的电子琴；随着年龄增大、难度增加可选购音色、节奏更丰富，功能更强的正规电子琴。

购买电子琴除了听音质、模拟效果外，还要注意它是否操作方便，包括是否有中文注解，切换音色、节奏、速度是否方便，是否有储存功能等细节。

目前，大家比较认可的品牌有YAMAHA。对于业余学习电子琴并参加考级的孩子，可以使用YAMAHA KB—280，它号称是专为中国孩子设计，有近百余种中国音色和节奏，音质效果很好。另外，国产品牌美得理—600性价比也非常不错，中国音色节奏也更多一些，而且能拓展节奏。

专业学习电子琴或对功能要求较高的孩子可以选择YAMAHA PSR S500；对于想学习双排键电子琴的孩子现在的选择是YAMAHA ELB01。

支付合理课费

目前电子琴培训主要在各省市的少年宫和各种培训学校，学费根据班级人数和师资的不同不一样。

建议初学电子琴选择师资雄厚，能提供规范教学的少年宫或较有信誉的培训机构，大班教学价位相对便宜，利于孩子之间互相激发兴趣。一般费用在

40 ～ 70元／课时。

中高级班学习建议选择小班，一般费用在80 ～ 150元／课时。

在一些知名的培训学校、文化馆或少年宫选择兴趣班时，最好能先旁听老师的课程，了解一下老师的资历，如果能通过老师现在所带的学生了解一下老师的授课情况更好。

父母最该避免的误区

1. 认为音乐理论基础知识的学习不重要。

有很多孩子弹琴只知道跟着弹，不会识谱、认拍子，也有很多父母认为孩子太小，关于最基本的音符、节奏、调式的知识没必要要求。其实学习音乐基础知识，需要一个循序渐进的过程，孩子不可能一下子掌握，父母需要配合老师不断地提醒和讲解，最后达到领会。

2. 电子琴一碰就出声，不用加强手指力度练习。

很多人认为电子琴容易弹，其实任何键盘乐器都需要手指的灵活和力量。初学的孩子因为手指的力量小，对手指的力度可以不作特别要求，但半年后一定要开始进行手指力量的训练。现在的电子琴都有力度键，孩子可以打开它进行手指练习。

3. 光顾弹琴，不顾理解。

弹任何曲子前，要用孩子易于理解的语言给孩子讲解乐曲的背景和内涵，让孩子在脑海里形成一幅幅图画，边弹边感受，运用不同的音色和节奏配合弹奏，丰富乐曲的表现力。练习一个新曲子，切不可上来就让孩子弹，不理解内容、不换音色、不管节奏，这样孩子也会觉得乏味，演奏出的乐曲自然像杯白开水一样平淡无味。

爱上电子琴好方法

1. 用简单易学、孩子又熟悉的小乐曲引孩子入门。

初学入门时，尽量教孩子弹像《洋娃娃和小熊跳舞》《小星星》等简易学、有趣的、孩子又熟悉的儿歌、短曲，能让孩子尽快体会到成就感，引发学琴兴趣。如果有歌词，老师还可以带着孩子们边弹边唱，更能调动孩子的学习热情。课下可以多放一些适合孩子的名曲和孩子一起欣赏聆听。

2. 利用电子琴丰富的音色和节奏，让孩子投入其中并享受音乐。

多给孩子演示，让他们多听用电子琴模拟的乐器的声音、演奏的好曲子，在音协考级教材中有一些考级示范光盘，让孩子们多看看非常好。最好弹一些他们耳熟能详的动画片乐曲，让他们有亲切感。当电视里面热播新的儿童动画片时，老师可以领孩子们练习弹奏其中的曲目，这样有助于激发他们的学习兴趣。如《蓝猫淘气三千问》《海底总动员》《狮子王》这些片中的曲目都适合用电子琴演奏。电子琴的考级曲目中有一些名曲，如《蓝色多瑙河》《拉德斯基进行曲》等，在学习的同时，让孩子们听听交响音乐奏出来的效果，给他们讲讲关于曲目的典故，让孩子们学习时能投入其中并享受音乐。

3.给孩子展示才华的机会。

积极鼓励孩子参加学校、社会的活动，创造展示自己的才华的机会，这样将利于提高自信心和成就感。

在家引导练习的妙招

1. 有条件的家庭可以多带孩子欣赏音乐会。

可以选择孩子们更容易理解的进行曲、舞曲、摇篮曲等类型的优秀作品，配合着孩子需要振奋、温和、安静等情绪时播放，在家庭中创设音乐的气氛。

2. 亲身参与。

父母也可以和孩子一起去弹去唱，亲身参与，和孩子比赛练习，并多寻找机会让孩子在家人、朋友面前展示成果，这都利于调动孩子的积极性。

3. 父母的角色是引导者加热情的听众。

父母虽不用手把手带孩子学习，不需要两眼盯着孩子练习，但也不可放任自流。在了解老师留的作业内容后，要当最好的听众，每天下班回来让孩子给自己表演一曲，让孩子感受到父母喜欢、欣赏他的琴声，并给他提出些意见并加以赞扬，这样既检查了孩子的练琴效果又提高了孩子的自信心。

4. 当好老师和孩子的沟通媒介。

孩子练琴时有困难或有想法不好意思说，父母要及时了解并及时与老师沟通找到办法解决。父母还可以把孩子的特点介绍给老师，让老师尽快了解孩子并根据他的特点进行教学。

5. 帮助孩子巩固提高。

与其他乐器一样，出错是孩子学习电子琴常遇到的最大的问题之一，也是老师最花心思的地方，但老师每星期只有一小时和学生在一起，无法跟踪督促。这时父母可以通过帮助记录、录音和适当提醒等方法，在课下引导孩子改正。否则积累起来，形成不良习惯，再改起来就非常困难。

6. 把纠错的责任交给孩子。

让孩子听自己弹奏的录音，把需要纠错的责任交给孩子，相信他能听出来第一次练琴和最后一次练琴的区别，提高自我校正的能力。当这种能力表现出来时，父母应积极加以鼓励。

邻家妈妈好经验

靳雪松今年 8 岁，从小性格比较内向，少言寡语，对很多课程都不感兴趣，上学也要妈妈陪同。2007 年 3 月，妈妈经过多方查询比较，把雪松送到了巨人学校电子琴培训班。前两次课，雪松没有表现出特别的兴趣。随着课程的深入，老师不断根据他的性格特点，想出一些激发他兴趣的好方法，妈妈也在课下，积极配合。学了新曲子，妈妈就会找机会请同楼的小朋友来家里玩，抽空让雪松露一手。渐渐地，雪松深深地喜欢上了电子琴。他上课听讲非常认真，回家主动练琴。仅仅半年时间，雪松的电子琴演奏有了很大的进步，达到了 3 级水平。在巨人学校的汇报演出中，他大胆而充满自信的演奏，获得观众和老师的一致好评。学琴以来，妈妈一直细心陪伴在雪松身边，随时为他加油打气，对儿子学琴取得的一系列成果，妈妈感到无比欣慰。因为弹电子琴成了雪松最大的乐趣！而且他的性格也变了，喜欢与人沟通了，健谈了，学习也有了不小的进步！

<h1 style="text-align:center">参考信息</h1>

考级与比赛

考级组织机构	考试说明	报名要求	报名时间	考试时间	报名费用
中央音乐学院	由中央音乐学院组织并颁发考级证书，权威性高，国内外都认可	报名3级以上，需要音基证书。（考3～6级，需要1级音基证书；考7～9级，需要2级证书）	提前2个月报名	每年2次考试，分别在寒假和暑假	报名时详见各校具体通知
中国音乐协会	由中国音乐协会组织并颁发考级证书				

相关比赛

　　每年全国和各省市都举办各种形式的比赛，可以上网随时查看，报名费合理的比赛可酌情参加，让孩子向高手虚心求教。

　　如北京每年年底举办海淀区艺术节比赛，一等奖获得者直接晋级北京市比赛，二等奖获得者通过选拔晋级市级比赛。

相关网站

中国电子琴在线论坛 http://bbs.cndzq.com
电子琴音乐网 http://www.dzqyyw.com
中国电子琴信息网 http://www.dzqyyw.com
巨人艺术网 http://ys.juren.com

Tips 电子琴的发展方向

　　很多孩子在学习电子琴的父母很关心进入中高级阶段的学习后孩子该怎样发展，尤其是对是否该转学钢琴感到困惑。其实电子琴的发展方向也很宽：

　　转学一些别的乐器。电子琴是很好的入门乐器，通过正规、系统的学习，学生打下了深厚的音乐理论基础，今后再学习任何乐器都会很快。

　　学习电子管风琴。电子管风琴，俗称双排键电子琴。它是电子琴的旗舰分支，电子管风琴在各大重点音乐学院里有本科甚至研究生专业。

　　学习作曲配器。学习电子琴后可以继续学习电子合成器，很多歌手专辑、电影配乐都是合成器来完成的。像网络音乐、手机铃声之类的产业目前就业需求量很大，也需要有电子琴基础的人来从事。电子合成器在各大重点音乐学院里有本科甚至研究生专业。

　　参加电声乐队。电声乐队是最受欢迎的乐队。这在学校或单位里容易组队，参与性强，表演效果很好。

执笔：

徐理毅
北京巨人学校器乐声乐部主任，出生于音乐教育世家。

选修课4

选修课4　手风琴 ▌

手风琴是键盘乐器的一种，音色明亮有穿透力，也有很多人说它的声音有金属的质感。这主要取决于它的发声原理：风箱运动产生气流使簧片振动发声。手风琴选曲范围相当广，风格也多变。再加上它体积较小、携带方便，也经常被用作伴奏乐器。传统的手风琴由右手高音键盘、风箱和左手低音贝司（即手风琴左手边键钮部分的学名）三部分组成，型号大小由左手贝司的数量决定，有8贝司、48贝司、60贝司、96贝司和120贝司等几种。父母可以根据孩子的体型和年龄选择不同大小的手风琴。

模特宝宝：周天骢

手风琴学习早知道

学习手风琴的益处

1. 利于培养孩子的手与脑的协调。

与键盘类乐器不同的是，手风琴演奏除了左右手的相互配合之外，还要同时照顾到风箱的运动，利于培养孩子身体的协调性。

2. 利于孩子掌握和学习音乐理论基础知识。

手风琴的音准好，需要左手利用贝司部分合成和弦、打节奏，这对孩子掌握和学习音乐理论基础知识（即最基本的关于音符、节奏、调式的知识）和视唱练耳有一定的帮助。

3. 体会到身体与乐器密切配合的快乐。

很多父母认为用两条背带、一条腕带把那么重的手风琴挂在身上会对孩子的生长有影响，其实不然。只要保持正确的持琴姿势和坐姿，不但不会对骨骼生长有影响，反倒更容易让孩子体会到身体与乐器的配合，有利于身体发育。这种感觉是手风琴独特的。

我的孩子适合学手风琴吗？

手风琴可以成为孩子开启音乐大门的一把钥匙，是培养兴趣陶冶情操的途径，不是非得手指细长、周身充满音乐细胞的人才能学习。音符和文字、数字一样都是人们认识世界和生活得更好的工具，作为兴趣学习手风琴没有特别的条件限制。

支付合理课费

集体授课：每次课45～60分钟，40～70元／课时。

单独授课：每次课45～60分钟，80～150元／课时。

爱上手风琴好方法

1. 激发学习兴趣，培养孩子的琴感。

刚开始的时候，一般应以熟悉乐器、培养孩子的琴感为主要目的激发他们的学习兴趣。什么是琴感呢？孩子的身体各个部位（包括手、臂、肩等）对琴的感觉。培养琴感，首先要注意持琴姿势，正确地使用背带、调整好琴体的位置是能否演奏出动听旋律的决定性因素，让孩子注意保持身体与琴体的正确位置关系，并且随时自觉主动地纠正，为他们今后的学习创造一个良好的开端。

2. 通过正确的方法尽快让手指熟悉琴键。

刚开始接触手风琴的孩子通常会觉得手风琴左手贝司部分像打字机一样的小键钮很神奇，所以练习时总是喜欢用眼睛看着它们此起彼伏，其实这样做是错误的。一方面会影响到持琴姿势，另一方面也不利于手指熟悉琴键，影响琴感的培养。所以父母应该时刻注意提醒和纠正孩子在保持正确姿势的前提下，通过一些联系演奏他们耳熟能详的小儿歌与手风琴培养感情，激发兴趣。

3. 从熟悉的儿歌开始。

一般父母对手风琴的记忆多来自于前苏联的一些革命歌曲，比如《喀秋莎》《莫斯科郊外的晚上》，也不乏很多以手风琴为主奏乐器的世界名曲，比如《马刀舞曲》《西班牙斗牛士》等等。学琴前期多欣赏这些曲目利于培养兴趣。现在有不少儿童初级手风琴教程，里面都有这些曲目的简单版。当初学琴的孩子演奏出父母亲熟悉甚至可以跟着节奏哼唱的乐曲旋律，更能与父母产生共鸣，孩子内心会很满足。

另外，《粉刷匠》《洋娃娃和小熊跳舞》等儿歌和动画片主题曲，歌曲旋律悠扬、曲调朗朗上口，很受小朋友们的欢迎。孩子通过电视上播放，或者幼儿园、学校教授的途径熟悉了这些乐曲，当悦耳的旋律被变成具体的音符并由自己弹奏出来的时候，孩子就从一个欣赏者变成了一个演奏者，从一个被动接受音乐的人变成了一个主动制造音乐的人，更会体会到一种成就感。这不仅能增加他们学好琴、弹好琴的信心，又能激发他们想要演奏更多熟悉乐曲的愿望，这样就使学琴和练琴有机地结合起来，形成一个快乐学习的良性循环模式，让孩子进步更快。

4．掌握快的孩子，更要注意认真练习。

学琴如同学习其他任何一门技能一样，三分在学七分在练！有的孩子很聪明，一学就会，父母就容易被这种聪明所迷惑，认为自己的孩子可能更有天分，下意识地忽略了练琴的重要性，这样对孩子今后的发展很不利。一学就会的孩子更应该引导他认真练习，并通过反复的练习真正掌握学到的技艺，为进一步学习奠定基础。

5．帮助孩子巧妙克服练琴过程中容易产生的倦怠和抵触心理。

初学琴的孩子新鲜感一过自然会对练琴产生倦怠和抵触心理，主要表现为注意力集中的时间变短，找各种各样的理由逃避或者拖延练琴时间。这些都是很正常的现象，父母不必要因此判定孩子"不是这块料"或者强行逼迫。对于年龄较小的琴童（12 岁以下）可以不用时间作为限制，而是与孩子商定今天把哪一段拉好。通过设立一个个孩子能够达到的小目标的方式，可以逐步达到规范孩子练琴时间和质量的目的。比如说，老师认为孩子应该在每天放学后练琴半小时到一小时，那么父母可以视情况为孩子设计任务：每首曲子练六七遍，熟练到一定程度就可以休息。这样孩子就有了具体的目标，父母和老师也比较容易掌握孩子在半个小时或一个小时的练琴时间里面究竟练习了哪些内容。

6．欣赏世界名曲、音乐会。

父母应该走出为了学琴而学琴或者为了考级而学琴的误区，把目标定位在为孩子陶冶情操，培养业余爱好，帮助孩子培养音乐鉴赏能力上。通过音乐欣赏，引导孩子从手风琴开始认识音符，了解各种各样的乐器，探寻国内外著名音乐家的成功之路，把音乐变成孩子可以随时随地交流谈心的好朋友。

邻家妈妈好经验

从我女儿第一天学琴开始，她父亲逢人便说："让孩子学琴不为她成名成家的，就让她有个一技之长，以后能自食其力！"我们都是普通的铁路职工，对音乐可以说一窍不通，但是很希望在女儿学琴的过程中尽可能地给她鼓励和帮助，让她终身受益。

玩是孩子的天性，所以很多父母会遇到孩子坐不住的问题，女儿也不例外。为了保证练琴质量，我们总是尽可能地在女儿练琴的时候耐心地陪伴鼓励她，帮她画"正"字累计练习遍数。其实我们也不能完全知道她是否每个音都弹对了，可是有父母在旁边陪着，女儿就不会掉以轻心，更无法浑水摸鱼。

由于工作很忙，有时候不可能陪练，我们和女儿商定：父母无法陪伴时，不管多忙每天都要最少抽出 5 分钟的时间来抽查某一首乐曲。抽查哪一首女儿定，但是每天的曲目不能重复，这样到每周上课的时候所有乐曲都能被抽查一遍。说是抽查，其实也就是听听曲子拉的连贯不连贯罢了。我们和女儿之间有个"诚信协议"：如果哪一天的抽查没有合格，女儿就得毫无怨言地增加练琴时间。这促使女儿更加主动地练琴，并在无形中磨炼了她耐心，也教会了她诚信的态度。

随着年龄的增长，如何处理好学琴与学业的关系成了最头疼的问题。课外的家庭作业和练琴都在抢占孩子有限的业余时间，而女儿天性爱玩，常会出现放学后在回家的路上多玩一会儿或回家后为了少练一会儿故意放慢写作业的速度的情况。于是因时间太晚，为避免打扰邻居而不得已免除练琴的情况时有发生。为了解决这个问题，我们给女儿设计了一个时间表：从放学后开始生效，回家先练琴——因为每天的练琴任务是确定的——完成任务就可以去写家庭作业，写家庭作业不限时，什么时候写完了就可以自由安排剩下的时间。为了争取自由时间，她就得自己想办法尽快完成每天的练琴任务。慢慢地习惯成自然，这个方法锻炼了女儿合理安排时间和合理安排每天轻重缓急事件的能力，成为她受用一生的财富！

小时候的女儿也常抱怨"我没有童年""别人都可以玩，就我得回家练琴"。现在她长大了，回头看看自己的经历，收获和感慨同在。

我们家在山西大同，女儿从5岁开始学琴，11岁在北京正式拜师学艺，于是开始了从大同到北京的每周一课的辛苦历程。女儿14岁跟随老师出国比赛，拿到了1998年澳大利亚国际手风琴锦标赛和1998年南太平洋国际手风琴邀请赛15岁以下组的两个冠军……2004年，她以优异的成绩考入中国传媒大学，参加了无数次学校和市级、省级的比赛和文艺演出。

女儿从小学到大学始终担任着班长或团支部书记的职务，三好学生、优秀学生干部的荣誉称号一直伴随在她身边。她不仅未因练琴而偏废学业，反而促使她不断地提高学习效率。她从来都是学校的文艺骨干，课余生活非常丰富。在家休息的时候，无论听广播还是看电视始终不离音乐频道。我们虽是外行，但能深切地感受到她对音乐的痴迷。她的手风琴无异于带她探索音乐海洋的一叶扁舟；异地学琴的经历让她比一般的孩子更早认识了外面的世界，她也把这些经历当作她终身受益的宝贵财富。女儿说她喜欢和音乐交谈，巴赫的音乐像阅历丰富的老者可以让她在烦躁面前冷静；贝多芬的音乐像热血满腔的青年可以让她在困难面前强大；细腻悠扬的中国民族音乐像知心朋友可以帮她抚慰伤痛……

这17年来，手风琴伴随女儿一路走来，她明白了什么是持之以恒，理解了父母的含辛茹苦，懂得了如何能事繁不慌、事闲不荒，更值得庆幸的是，她体会到了能交到音乐这样亦师亦友、可以聆听、可以倾诉的朋友，真是莫大的幸福。

Tips 让孩子拥有演奏之外的能力

在孩子学琴的过程中除了演奏之外，音乐常识、音乐鉴赏能力，通过练琴培养孩子的耐心、恒心，合理安排时间和安排自己体力、精力的能力也会日益提高。当演奏者并不是学琴的唯一终点，还有很多种与它相关的路在我们面前。比如音乐教育，还有近几年刚刚兴起的音乐艺术管理、音乐治疗，包括中国传媒大学新开设的音乐传播专业等，这些都要求学生具备一定的音乐基础，再与其他学科的相关知识相结合，使其释放更大的专业能量。

未来的社会需要的是一专多能的综合型人才，让孩子从学琴的过程中获得更多的启发，为他今后的成长和发展开辟更多的可能，这才是对孩子最有意义的事情。

执笔：

郭晓锋

5岁开始学习手风琴，至今已有17年。1998年获得南太平洋国际手风琴邀请赛（15岁以下年龄组）金奖，2000年北京国际手风琴艺术节少年B组银奖。

参考信息

考级与比赛

手风琴有中央音乐学院校外音乐水平等级考试，共分 10 个级别，每个级别设置基本音阶琶音（抽考）、练习曲、复调乐曲、自选的中国乐曲和外国乐曲几个部分，同时考生还要进行音乐基础知识的考试。

北京国际手风琴艺术节

每年 8 月，全国各地的手风琴学会都将和中国对外文化交流协会联合主办"北京国际手风琴艺术节"。其中各项规模盛大的演出和比赛，总是能吸引来自世界各地的手风琴爱好者。艺术节设置独奏、重奏、手风琴室内乐及合奏不同年龄组的比赛，更有国际著名手风琴演奏家带来精彩绝伦的音乐会。所以，持续一周的"北京国际手风琴艺术节"是全国手风琴爱好者的狂欢节。父母不妨带学琴的孩子来看看，如果孩子愿意参加相应组别的比赛对孩子的琴艺进步和心理状态都有好处。

相关网站 中国手风琴在线网 http://www.accordions.com/china
中国手风琴俱乐部 http://www.accordion-club.com

选修课5 双簧管

双簧管，英文名 OBOE（欧波），是管弦乐队中重要的独奏与合奏乐器，音色优美、细腻，表现力独特。双簧管是一种很古老的乐器，它的前身可以追溯到古罗马和古希腊时期，真正的双簧管出现在大约 17 世纪中期的法国。和其他管乐器一样，双簧管作为管乐器的一种，也是通过气息来发声的。与长笛不同的是双簧管发声要通过一个双簧哨片的震动来完成。管弦乐队中的木管组乐器除了长笛、双簧管、单簧管（即人们常说的黑管）和巴松（也叫大管）也都是通过哨片来发音的。因此，哨片的好坏很关键，直接影响双簧管的音色。与所有的簧片乐器一样，乐器的品质、哨片的好坏、演奏方法三者决定了音色的本质。

模特：高碧莹 北京学生活动管理中心（北京市少年宫）乐队成员
场地提供：魔法时摄影工作室

以前，双簧管对于父母和孩子来说非常陌生，现在已经有越来越多的孩子开始学习双簧管演奏。但是相对于钢琴、小提琴、长笛、单簧管等其他的乐器，人们对这种乐器了解较少。

双簧管学习早知道

学习双簧管的益处

1. 利于孩子提高手脑的协调能力。

学习双簧管需要左右手的巧妙配合才能演奏出好听的旋律，这种双手手指的配合训练对于孩子手脑协调很有益处。

2. 提高孩子的音乐修养。

在古典浪漫时期和近代的音乐作品中，像著名的莫扎特的《C 大调双簧管协奏曲》、理查·施特劳斯的《D 大调双簧管协奏曲》，还有其他著名作曲家们所创作的著名的双簧管协奏曲，至今在音乐会中仍被广泛演奏。孩子学习双簧管时，能接触到不同时期的音乐作品，对了解西方音乐文化很有帮助。双簧管，经历了数百年的演化，在不同历史时期都有很多作曲大师为双簧管演奏家们创作了很多优美动听的乐曲，特别是在古典巴洛克时期，如巴赫、亨德尔、泰勒曼、维瓦尔第等著名作曲家都创作了数量众多的双簧管奏鸣曲和协奏曲。而巴洛克时期的音乐作品被认为是最能体现演奏家的修养，孩子多欣赏这些作品有助于提高音乐修养。

3. 增强挑战困难的勇气。

双簧管属于木管乐器中最难演奏的乐器，在学习过程中，孩子可能要遇到更多一些的关卡和问题，这也是学习双簧管演奏的业余学生数量远少于其他乐器的原因之一。也正因为这样，坚持学习双簧管的孩子往往练就了较强的克服困难的能力，具有很强的挑战困难的勇气。

4. 提高孩子的人际交流智能。

很多学习乐器的孩子都参加学校的乐队，在乐队的合作过程中，孩子能很切身体会到理解他人、与人合作的重要性，这对提高孩子的人际交流智能大有益处。

我的孩子适合学双簧管吗？

业余学习双簧管，同其他管乐一样，要求孩子要有较好的身体素质，手指均匀，嘴唇薄厚适中（可以偏薄些），牙齿较为整齐，但是不需要有超常的肺活量。因为双簧管乐器和哨片构造注定这种乐器不需要太多气息，反而要通过正确的方法尽量把气吹出去。所以无论男孩女孩都可以学习这种乐器。

几岁开始学合适？

学龄前的孩子不宜学习管乐，最好到10岁以上（个别孩子的身体素质好，可与专业教师协商适当提前）再开始学习，这时孩子身体发育相对完善，理解能力也较好，在保证练习时间的基础上学习进度会比较稳健。

每次宜练习多长时间？

和专业学生不同，父母让孩子业余学习双簧管主要是为了培养孩子对音乐的兴趣，激活孩子的大脑思维能力及协调性，提高孩子的音乐修养和全面素质。因此每天练琴时间不要过长，一般来说每天不少于30～40分钟的高效率练习就能达到比较好的效果。

巧购双簧管

在国内，学习双簧管的学生也相对较少。除了前面提到演奏难度相对较大以外，乐器的价格，学习当中消耗品（主要是哨片）的投入大也是一个重要原因。

一般情况下，一支国产的双簧管大约要6500～13000元人民币。尽管这些年国产双簧管的品质有了很大进步，但是比起进口的学生用普及双簧管，无论是乐器的选材、做工还是所能演奏出的音准、音色，还有一定的差距。但是进口的学生用普及双簧管的售价一般都在25000元以上，这也是绝大多数家庭不得不考虑的重要因素。

从学习的方便性和持久性考虑，建议还是购买木质乐器。双簧管作为木质乐器，因为选材和做工的原因，即便是同一品牌的同一型号的乐器的音色、音准

（音程关系）都有差别，有的音色好些，有的却是音准比较好，所以选购时最好请专业老师帮助挑选，因为单独从外观来看是看不出有什么区别的，只有具备长时间演奏经验的演奏者才会挑选。

支付合理课费

因为双簧管的特殊性，基本上教学上只有一对一的模式。一般来说，著名音乐院校和著名交响乐团的老师演奏水准和教学水准都比较高。这些专家级老师的课费也相对较高，和普通老师的学费相差达两倍甚至三倍以上，但是跟随这样的老师，学生能少走弯路，有更快的进步，学到更多的本领。

单独授课：每次课45分钟，业余学生每课时100～300元。

较优秀的专业老师课时费一般都在200元以上。

爱上双簧管好方法

1. 从学习钢琴等键盘乐器进入，对管乐学习大有好处。

大多数演奏者都是迷恋双簧管的优美音色而选择学习演奏的。由于双簧管等管乐器，学习起始年龄一般在10岁左右，所以不少孩子在学习双簧管以前已经学习过钢琴等键盘乐器，这无论从视谱还是音准概念、和声和节奏的训练方面，对管乐器的学习都很有益处。很多业余学生在学习管弦乐器时对音高及音程关系的概念不是很清楚，而钢琴等键盘乐器的固定音高和音程关系能从音响上给孩子们一个明确的概念和训练。就视谱而言，钢琴乐谱的视谱也比管弦乐器的单行谱视谱要难，学过几年钢琴演奏的孩子再学习管弦乐器，视谱上几乎没有什么障碍，能提高管弦乐器学习的进度。欧美的一些发达国家的中小

学的音乐素质教育非常完善，孩子们一般都要学习两种或两种以上的乐器，而且基本都是先学钢琴，同时或 3 ~ 4 年以后开始学习管乐器或弦乐器，学习效果非常显著。

2. 提高练习效率是关键。

孩子上小学后，课业压力加大。作为兴趣学习双簧管，对孩子来说是文化课学习之外的一种放松。对于每天练琴时间的分配，建议先做 15 分钟以上的长音练习，这很重要，然后做音阶和练习曲的练习，

双簧管学习和北京海淀实验小学的课业两不误

最后再做乐曲的练习。为了不影响孩子的其他功课，掌握正确的演奏方法和练琴方法，提高练琴效率是关键，这最终有助于提高孩子学习双簧管的兴趣。

3. 跟着唱片模仿演奏。

由于双簧管乐器的特殊性，基本上都是一对一的教学模式，孩子除了在乐队合奏以外都是独自练习。而孩子自己在家练琴时多少会觉得枯燥，其实这时候可以多听德沃夏克的《新大陆交响曲》、贝多芬的《田园交响曲》等唱片。柴可夫斯基的《天鹅湖》等作品中也有很多好听的双簧管旋律，学生学习到一定程度时也可以跟着唱片模仿演奏。现在的一些考级教程中也有一些孩子可以上手的乐队演奏的片断。

4. 鼓励孩子参加乐队演奏。

很多孩子演奏到一定水平时很喜欢参加乐队演奏，去感受那份融入音乐的喜悦。孩子参加学校的乐队演奏时，双簧管优美的音色往往能让孩子脱颖而出，这能极大地提高孩子的演奏信心。

在家引导练习的妙招

1. 通过录音让孩子体会老师示范的音色。

孩子刚开始学习双簧管时，因为演奏能力和程度的问题，对音色和音准往往不能很好地把握，因此孩子学习时父母要仔细分辨老师和孩子演奏的音色的区别，最好用录音机录下老师的示范演奏，回到家里提醒孩子在练习时尽可能向老师的音色、音准靠近。孩子学习到一定程度时，父母还要注意提醒孩子记住老师针对乐曲处理所提的要求和指导。

2. 用熟悉的旋律激发孩子的兴趣。

对于管乐器学习者来说，音色是很大的问题，这个问题在双簧管上尤为突出。

孩子练琴时往往会因为哨片老化、嘴唇对哨片的控制能力不足、嘴部肌肉的耐力不足等等原因而对练习反感，这时候父母可以找一些国内外民歌、自己熟悉的好的影视插曲等等让孩子模仿这些旋律来演奏，或者让孩子自己用乐器来演奏一些他熟悉的儿歌等，这些对于提高孩子的练琴兴趣会有不同程度的帮助。

教师的关键作用

1. 适度严格要求，教会孩子正确的演奏方法。

教孩子时，不但要求教师专业好，要有好的演奏能力和方法，还要求老师有因材施教的能力和经验，这对于一些专业老师来说是个不小的挑战。课堂上老师示范演奏时，优美动听的音色和音乐是激发和保持学生学习兴趣的重要因素。同时老师还应多为孩子讲解所学乐曲的背景和特点，便于孩子更好地理解和把握。

2. 老师全权担负着哨片处理的重任。

簧片乐器的特殊性使得学生初学时在哨片处理上完全依赖老师，绝大多数业余学习双簧管的孩子可能在整个学习期间都要依靠老师来解决哨片上的问题。对于双簧管老师来说，哨片的修理跟这个老师对双簧管音色的理解有直接的因果关系，而这又将直接影响到学生对双簧管音色的理解和学习，而音色是管乐器的灵魂！

3. 解决孩子学习双簧管的最大难关——憋气问题。

关于双簧管的憋气问题，气息使用不当造成憋气，演奏时脸红脖子粗，很费力。很多老师包括一些专业的演奏者都认为这是双簧管乐器的特点使然，是很正常的。这是绝对的误解，事实上双簧管在正常演奏时和其他任何乐器一样，处于一种相对的放松状态，只有当它强奏的时候，因为用力吹奏血液上涌才可能脸红。

邻家妈妈好经验

我儿子11岁开始学习双簧管，老师告诉我主要应注意孩子的呼吸方式、口型、手型，以及怎么使用校音器来纠正孩子音准等问题。我为孩子购买了学管乐必要的校音器，帮助和训练孩子树立音准的概念。校音器对孩子课下练习起到了重要的作用。此外，我还帮孩子购买了一些国内外管弦乐曲的唱片，并和孩子一起欣赏，分辨双簧管演奏的旋律。等孩子学到了一定程度，我在孩子模仿唱片中的演奏时，注意分辨孩子的演奏有哪些地方与唱片类似，还有哪些地方不到位。老师上课时，有时会模仿孩子的演奏并且让我录音。在家练琴时我也通过录音对比来提醒孩子容易出问题的地方。如今孩子已经学习了3年多了，进步很大。在这个过程中，我自己对音乐的理解和喜爱也在逐日增强，很高兴有这样一个和孩子共同进步的机会。

Tips 学习长笛的几个关键问题

西洋管乐器在国内最为人熟悉的可能就要算长笛了，长笛音色明亮动听，很多人把它比作乐器中的百灵鸟，很符合它的音色特点。长笛是不折不扣的木管乐器，最早长笛都是用乌木等硬木制成，随着西方工业革命的发展和材料、制造业技术的进步，现代的长笛几乎都改为合金材料制造了。长笛的指法属于彪姆指法系统，在所有的木管乐器当中指法最容易掌握。另外普及型长笛的售价比较适中，加上长笛无需更换哨片，后续的资金投入相对较少，所以不少家庭选择让孩子学习长笛。

孩子业余学习长笛最大的问题是音准和音色问题。除了演奏方法外，乐器的质量是影响音色重要因素，制作材料和工艺决定了长笛的最终音色特点和价值。这就是为什么最普通的长笛只有区区数百元，而演奏家级的乐器售价却高达十几万元甚至几十万元人民币。同样，

也是因为演奏方法和乐器本身的物理特性，长笛在演奏中很容易出现低音区音准偏低，高音区偏高的情况，无论是孩子业余学习还是专业演奏员都存在这样的问题，所以正确的演奏方法极为重要。好的音色来自于正确的演奏方法，因此，想要学好长笛，首先，选一位好的老师和一支适合孩子的相对较好的乐器非常关键。

目前学习长笛，在师资和乐器质量方面都存在很多不规范的现象。很多教长笛的教师对长笛只有一知半解甚至跨专业，市场上也出现了不少低价低品质的乐器。建议父母在选择老师时多做比较，尽量让孩子和专业院校和专业文艺团体的长笛专业的教师学习，在选择乐器时也尽可能选择一些国内外大品牌厂商生产的乐器，无论从材料还是制作工艺的控制水平都比较有保证。

参考信息

考级对孩子们来说带来的不只是压力，还有通过考级成功的喜悦，也为孩子的进步和成长增添了记录。

现在有中央音乐学院、中国音乐学院和中国音乐家协会等等单位组织的校外考级，要求和水平有所不同。普遍认为中央音乐学院和中国音乐家协会的考级水平较高，对学生的要求更严些。无论如何，通过考级方式鼓励孩子在进步中成长才是目的所在。

推荐图书

白宇 主编
《中央音乐学院海内外双簧管（业余）考级教程》
人民音乐出版社

相关网站

北京学生运动管理中心（北京市少年宫）
http://www.bjcp.org.cn

执笔：

石鑫

1993年毕业于中央音乐学院管弦系，国家一级演奏员，中国音乐家协会会员。曾任中国青年交响乐团双簧管首席，中央乐团双簧管演奏员，北京国联交响乐团双簧管首席，中国歌剧舞剧院交响乐团双簧管首席。现任中央歌剧院交响乐团双簧管首席。

选修课6　古筝

　　古筝，是我国古老的弹拨乐器，至今已有2000多年的历史。早在春秋战国时期，筝就盛行于陕西、甘肃一带。《史记·李斯谏逐客书》有记"夫击瓮叩缶，弹筝搏髀，而歌呼呜呜，快耳目者，真秦之声也。"筝常因之被称为"秦筝"。自秦、汉以来，秦筝逐渐传入中原，后来又传至闽、粤各地，并与当地戏曲、说唱和民间音乐相融会，形成了许多各具特色的风格和流派，现今有河南筝、山东筝、潮州筝、客家筝、浙江筝和陕西筝等主要流派。筝由早期的五弦发展为汉代的十二弦筝，进而为隋唐的十三弦筝，明代增至十四、十五弦，近代出现了十六弦筝。

　　古筝的定弦是五声音阶，即：宫、商、角、徵、羽（1 2 3 5 6），古筝的4、7二音是用左手按动3、6两弦发出，具有中国传统音乐调式的特点。古筝主要的演奏特点是通过左手在弦柱左边做颤、滑、按、揉等技巧，使其在音韵表现上产生独特的效果。

　　今天，这一古雅的民族乐器在各方面都做了改良，现在我们熟悉的是21弦S型古筝，它共有四个八度的音域，使用尼龙钢缠弦。由于弦数的增加，音域的扩大，有效增加了其音乐的表现力，加之古筝易于入门，孩子容易上手，受到越来越多父母的喜爱。

古筝学习早知道

学习古筝的益处

1. 有效地提高孩子动作的协调能力和平衡能力。

由于古筝的声音典雅柔和，悦耳动听，很容易让孩子对古筝产生兴趣。在弹奏古筝时，右手托、劈、抹、勾等富有弹性的拨弦和左手揉、按、滑等变化无穷的按弦动作，需要孩子反复练习才能达到手指动作配合流畅，可有效地提高孩子动作的协调能力和平衡能力。

2. 对提高孩子的民族文化素养有独特作用。

古筝有着悠久的历史和丰厚的文化底蕴，在传统古筝曲中包含很多典故或历史故事。如《渔舟唱晚》是一首古典风格的古筝名曲，该曲引用了唐代王勃《滕王阁序》中的"渔舟唱晚，响穷彭蠡之滨"佳

句为题，描绘了夕阳西下，湖光山色相映，渔人辛勤劳动后荡桨归舟，满载丰收的喜悦心情。老师在教授曲子的同时会很自然地介绍这些背景知识，这样既让孩子更容易理解和掌握乐曲所表达的思想内容，又使孩子从中体味乐曲中的意韵。

学习古筝弹奏的过程中，孩子需要了解古筝独特的音律知识，借助视唱教学中老师的手势语言体会音的高低长短，观察模仿老师的示范演奏，聆听老师对作品内容的启发讲解，想象、捕捉作品的内涵；通过专注的观察、听辨来辨别旋律乐句的细微变化；通过坚持练习逐步掌握基本功和弹奏技巧；通过表演或比赛记录进步的脚印。整个学习过程对促进孩子的观察力、想象力、思维能力、自我控制能力和交流能力的发展都有直接的益处。

我的孩子适合学古筝吗？

只要手指发育正常，听觉没有障碍的孩子都能学习古筝。最重要的是调动孩子对古筝的兴趣。

电视上经常能看到女孩弹古筝的画面，不少父母误认为学习古筝是女孩的专利。其实，男孩同样可以在这一领域发展，而且大多数古筝演奏名家都是男性。但男孩子学习古筝时要注意演奏时的动作、姿势、神态，要有男孩子刚阳的特点，不要表现得过于阴柔、过于女性化。

几岁开始学合适？

孩子学古筝的开始年龄因人而异，一般3～8岁开始学习的较多。早一点开始学的优势是有利于训练发展手指的独立灵活，手腕的柔软性、弹性以及弹奏时全身的协调配合，并利于培养熟练的识谱能力和发展听觉能力。若孩子年龄偏大些再开始学，也有长处，因为这

时孩子的自觉性、理解力、耐力和毅力都会增强，学习起来会快一些。

每次宜练习多长时间？

如果是学龄前的孩子，根据孩子注意力集中时间的长短来定，建议每天安排30分钟，如果孩子兴趣浓可练习1小时，中间休息10分钟。重要的是父母引导孩子提高练琴效率，并逐渐养成到时间练琴的习惯。如能持之以恒一定会有更多收获。孩子上了小学，课业忙了，最好也能高效利用时间，坚持练琴。

巧购古筝

选购古筝是很费心思的一件事。初学者可以说根本不清楚如何选购一架比较适合自己的古筝，同时，古筝作为一种民族乐器，仅凭价格往往不能判断其本身的真实价值。

选购古筝最好的办法有两个，一是请老师帮助选择，老师对自己的学生比较负责，相对选购高价低质琴的情况较少；二是父母自己选购，建议购买信誉好的民族乐器厂家所制作的古筝。例如上海民族乐器一厂、北京民族乐器一厂和营口民族乐器厂等生产的S163—21型古筝，性价比都比较好。

支付合理课费

课费按授课的形式和等级分，授课形式一般分小班授课和单独授课，每次课45～60分钟。

小班授课按人数的不同收费。60～100元／课时。

单独授课一般按考级的级别不同收费，80～200元／课时。

另外，针对报考音乐学院或各大院校艺术类等专业辅导费用则更高一些。

爱上古筝好方法

1. 提供好环境，激发对音乐的兴趣。

父母尽可能在家庭内外提供一个情趣丰富的音乐环境，对激发孩子对音乐的兴趣很重要。孩子对音乐有了兴趣，无论学习什么乐器都会更主动、更投入。平时父母可以多给孩子听一些儿童歌曲、音乐故事和古筝名曲的光盘、磁带，或带孩子到音乐厅去听一听适合孩子的儿童专场音乐会，到剧院看一看音乐剧，父母适时地提问类似："知道这段音乐是什么乐器演奏的吗？""这段音乐表现的是高兴还是悲伤呢？"的小问题也有助于让孩子投入地欣赏。

2. 不断鼓励。

很多父母都提到孩子开始学古筝上手快，很快就能弹出熟悉的曲调，所以热情很高，但随着学习的深入逐渐下降，到最后甚至于变成坐到筝前就愁眉苦脸。这与孩子的心理特点有关，是正常的。孩子的兴趣广泛、易变，不会持续很久，儿童的年龄特征决定了学古筝的过程是一个需要父母和老师不断鼓励的过程。老师和父母赞美的话、赞许的目光，都是保持孩子学筝热情必不可少的。但在对孩子赏识鼓励的同时，父母也要学会接纳孩子的失败和不足，只有这样，赏识和鼓励才更具目的性和针对性。例如，在家里父母可以玩"当学生"的游戏，让孩子在家里当"小老师"教父母弹筝，这也是一种巧妙的鼓励方法。

3. 从孩子感兴趣的曲子入手事半功倍。

筝是我国最古老的弹拨乐器之一，它既善于表现优美抒情的曲调，又能够抒发气势磅礴的乐章。孩子初学古筝，可以从教孩子弹奏《渔舟唱晚》《劳动最光荣》等短曲起步，像这样旋律优美、人们耳熟能详，又能突现古筝魅力和特点的短曲，利于孩子记忆，演奏出来大家都知道，孩子的成就感就会很高，能很好地激发他的兴趣。当老师做了流畅优美的示范，并用孩子喜欢的讲故事的方式介绍了乐曲之后，你会发现孩子露出非常羡慕的表情，接下来孩子就会表示出兴趣，有了兴趣再去学琴，效果当然会更好。

4. 让孩子从具体的生活经验入手了解乐曲。

比如，《高山流水》它由"高山"和"流水"两部分组成。前半部分运用相隔两个八度带按滑的"大撮"和浑厚而优美的音色来描绘高山的雄伟气势。乐曲的后半部分，在按滑的同时，大量而连续地使用上下行的刮奏手法，表现流水细流琤琤，滔滔不尽，奔腾澎湃，滚滚而来的各种形态。对于孩子来说，这首乐曲理解上有一定难度。讲"高山"时可以问孩子："爬过高山吗？"孩子可能回答："爬过北京香山。"这时可接着启发："在山顶上什么感受？"孩子会说出他的感受："高大、宏伟。"讲"流水"时同样可以启发性地提问："在海里游泳和游泳池里游泳是一样的吗？"孩子会答："不一样，海里浪大，能把人和游泳圈掀翻。"经过这样的讲解，孩子的脑海里先对于高山和流水的形象特点有了初步的认识，接下来当老师讲解"高山流水"这首乐曲所表达的意境时，孩子就比较容易理解了。

教师的关键作用

1. 注重孩子古筝演奏时的仪态美。

古筝演奏者的仪态常不被人重视，其实仪态美直接关系到演奏效果。学筝之初，就要从正确的坐姿手势开始。老师在教课时，一定要强调学生养成正确的演奏姿势，要求学生注意演奏的仪态，演奏的动作要自然，做到心随情表，体随心动。

2. 注重孩子读谱视奏的训练。

读谱是一种技能，必须经过一定的训练才能掌握，读谱能力对于儿童学好古筝非常重要。初学读谱既要注意音高又要注意节奏，最好把音高和节奏、节拍分别着重练习，熟悉后再把它们结合起来。要帮助学生分清什么调、什么拍子、什么音符，以及速度、力度、快慢等。

3. 启发孩子对乐曲的理解。

对于作品的整体结构是怎样的？乐句、乐段是如何划分的？哪一部分是乐曲的高潮？作品有什么有趣的故事和内涵等等，教师应在教学中应用启发性的、孩子容易理解的语言引导孩子理解乐曲。教师还要在课堂上多做示范，将音乐的起伏变化表现出来。在孩子弹奏的过程中，老师要启发孩子学会内心有旋律，同时能够注意观察对比自己的演奏与老师的差距，只有这样才能帮助孩子逐步理解乐曲的意境并充分表达出来。

父母最该避免的误区

1. 忽视基本功的训练。

很多父母认为让孩子学古筝是为了培养孩子的兴趣和气质，没必要注意古筝弹奏基本功的训练。其实不然，右手的托、抹、勾、摇指及左手的颤、滑、按、揉从开始就一定要标准。只有正确掌握基本功，熟练掌握各种技法，才能在以后的学习中得心应手地弹奏力度、速度、长度、难度不同的音乐作品，这一点无论对业余学习还是专业学习一样重要。

2. 古筝对音准、节奏、节拍等有着独特的要求，没必要做"视唱练耳"练习。

这种观念是完全不对的。儿童学习古筝前最好经过一段键盘乐器的学习，键盘乐器的学习对于儿童的听力、音准、节奏节拍等的掌握有较大作用。学筝过程中，可以通过"视唱练耳"的辅助学习，拓展儿童的音乐基础。

3. 不注重音乐表现力的培养。

有一些父母让孩子学习古筝，功利地追求考级或让孩子当特长生。所以在老师教学时，也会要求老师盯着考级相关"硬指标"的培养，而忽视对乐曲表现力的要求。

孩子学习古筝不仅要学会熟练弹奏曲目，更重要的是从学筝中体会乐曲的美和内涵，并努力表现出来。孩子学筝时要保持放松自然的状态，放松包括手法的松弛、手臂和面部表情的放松，以及身体的波动要和乐曲的演奏内容相协调一致，体现出强烈的感染力。这一点是提高古筝音乐表现力不可缺少的重要元素，但容易被认为是学筝的高级要求，而在儿童学筝过程中被忽略。

在家引导练习的妙招

1. 合理安排练习时间。

在家中督促孩子练琴时，应尽量结合家里的生活节奏做到定时、定点，这样能够帮助孩子养成练琴的好习惯，让孩子快速进入练琴状态，高效地完成练习。另外，父母应注意引导孩子每天坚持，不间断地练习能让孩子始终保持积极进取的心态。间断练习后再继续时，每次都需要一个"预热"过程才能重新进入状态，这样会浪费时间，大大降低学习古筝的效果。

2. 不代替孩子学筝，不打断孩子弹奏。

在孩子平日练习过程中，父母应用适当的方式提醒孩子回忆、落实老师的教学要求，但不要代替孩子学筝。如认谱，让孩子自己去认，错的地方让孩子自己查找，父母不应代劳。不要觉得自己明白了，孩子也必须明白。孩子在练习时，要读谱、弹奏、记忆，无论在弹奏中出现什么样的错误，父母要坚持听完，不要总是中间打断，避免孩子因心理紧张而造成音乐思维的停顿。

3. 提醒复习已学曲目。

不少学习古筝的孩子常出现学一首丢一首的情况，有的学生考完十级仅能熟练弹奏十级的两首，而再过半年这两首曲子也生疏了。周围的亲戚朋友就会觉得诧异：学了那么长时间怎么一首曲子都弹不下来？这对孩子的自信心也是一种打击。父母可以经常为孩子举办"家庭小型音乐会"，让孩子有机会在亲朋好友面前表演学过的曲目。这样坚持下来，达到十级水平时，孩子一般能熟练演奏十几首古筝曲。

> **执笔：**
>
> **张海龙**
>
> 古筝演奏家，中国艺术研究院研究生毕业。20世纪70年代先后师从李汴、王福立、史兆元、曹正、杨秀明、项斯华等古筝名家。现执教于北京市石景山区文化馆，为中央民族大学、北京教育学院古筝专业教师。

邻家妈妈好经验

我女儿 5 岁半开始学古筝，半年的时间已经可以弹《渔舟唱晚》了，有小朋友的妈妈和我聊天，很惊讶我女儿的学筝进度，说她孩子学筝时间比我女儿还多四个月，现在指法学了不少，但还不会弹什么曲子，询问我回家是怎样陪伴孩子练习的。

女儿很喜欢学新的曲子，每次积极性都很高。但随着学习的深入，曲子的长度和难度都在不断加大，而孩子的心理和生理特点都决定了每次练习时间不能过长，这就需要尽可能提高练习的效率。弹奏古筝又需要眼、耳、手、脑协调配合，如果孩子不思考和领会，是不可能弹好一首古筝曲的。孩子练琴时，我都一直在旁边陪伴，对于怎样让孩子在家练习时能高效掌握老师新教的曲子，我有以下两点体会：

首先，一定要让孩子按照老师上课的提示、标注来练。古筝曲，一个曲子常有很多演奏版本，要让孩子按照自己老师的要求来弹，先不要模仿其他演奏者的演奏方法，等孩子能很好地弹这个曲子后，再加入孩子自己对此曲目的理解。

其次，最好让孩子先唱几遍谱子，对旋律有个大概印象，这样便于孩子记谱，熟悉旋律后，再把新曲子划分成几段，先练熟一段再练下一段，直到练完全曲为止。能完整地弹奏新曲后，对发现问题的部分再集中练习。这样做有事半功倍的效果。

参考信息

考级与比赛

父母首先应正确对待古筝的考级和比赛。音乐的理解与技巧的掌握不是一朝一夕的事情，考级只是为艺术学习提供阶段性的检验，若是以考级为艺术培养的目的，或是当升学就业的筹码，就严重背离了艺术教育的根本目的。参加艺术比赛可以让孩子展示才艺，相互切磋，增强兴趣，但若舍本求末，刻意追求名次，就得不偿失了。

针对古筝考级，中央音乐学院、中国音乐学院和中国民族管弦乐学会都有考级，但考级要求有所不同。

中央音乐学院
考级要求：教材共分 9 级，9 级之后另设演奏文凭级。报专业 3 级以上者（含 3 级）需携带"音级"1 级证书方可报名。

中国音乐学院
考级要求：教材共分 10 级，即每位考生必须具备演奏 3 首曲目，练习曲自选一首，乐曲自选两首，必须 A 组一首，B 组一首。

中国民族管弦乐学会
考级要求：教材共分 10 级，应考者要准备两首古筝曲，即：规定古筝曲一首（带☆标记的乐曲），自选古筝曲一首（不带☆标记的乐曲）。

相关比赛
中国青少年艺术大赛：是文化部主办的重要艺术赛事之一，其中所含的"桃李杯"舞蹈比赛、小提琴比赛，成为我国艺术教育界最具权威性的艺术大赛。

全国蒲公英奖大赛：是文化部主办的全国少儿艺术最高奖。内容涉及音乐、舞蹈、戏曲、美术等门类，每年举办一届。

全国社会艺术水平考级大赛：由中国音乐学院考级委员会主办。奖项设置（古筝、钢琴、电子琴、童声）4 个项目，每个项目按 4 至 9 级 6 个等次，分别进行评比。大赛结束后举办专场展示演出。

选修课7　二胡

选修课

二胡是我国最常见、最受欢迎的民族乐器之一,它最早称"奚琴",已经有一千多年的历史了。二胡具有美妙的音色和丰富的表现力,既可独奏又可以合奏,人们常把它与西洋乐器中的小提琴相提并论。二胡由琴筒、琴皮、琴杆、琴轴、弓、琴马、千金、琴弦等部分组成。演奏时将弓毛夹在内外弦之间,通过与弦的摩擦使琴弦发生振动,经共鸣体琴筒发出音来。

模特宝宝:高锌宸

二胡学习早知道

学习二胡的益处

1. 让孩子的听觉更敏锐。

二胡是弦乐器，音准完全依靠听觉来辨别。在发出琴声之前，孩子首先要在大脑中产生对声音的设计和想象（预先听觉）。发出琴声之后，听觉反馈引导孩子通过不断调整手指动作以接近预想的声音，这种练习对提高孩子听觉的灵敏度很有益处。

2. 提高孩子手、眼、耳和大脑配合的协调性。

孩子能以复杂的弓法、指法演奏出音乐不仅依靠简单的动作操作，更依赖于大脑、眼、耳和左、右手的全面协调配合。

3. 提高音乐修养，加深对民族音乐的理解，陶冶性情。

二胡艺术根植于中华民族文化的沃土，生活中常可听到二胡的优美演奏，很多曲目人们耳熟能详，这样的环境对培养孩子的音乐兴趣很有利。同时，在二胡艺术传承的历史过程中，积累了很多经典曲目，凝聚着深厚的文化内涵，所以二胡学习能增进孩子对民族音乐的领悟和理解，加深他对中华民族文化的认识，进而达到陶冶性情，敦厚品德的目的。

我的孩子适合学二胡吗？

一般只要孩子有听辨基本音高的能力，手指发育基本正常，5 岁以上的孩子或成人都可以学习。有些父母认为二胡难学，担心作为弦乐器的二胡对于孩子手的先天条件、耳朵听辨音准的能力以及左、右手的协调能力要求高，不敢让孩子选择二胡。其实，如果父母是让孩子作为业余爱好学习，完全应以更宽松平和的心态来选择。

几岁开始学合适？

5岁之后开始比较理想，关键是孩子理解力要达到学琴的要求。

每次宜练习多长时间？

孩子练琴时要合理分配时间，一般每次练30～40分钟，中间注意让孩子休息，做些调整活动。每个孩子一天练琴的饱和量各不相同，这要靠师生平时共同摸索。一般以练琴后不感到疲劳和肌肉不觉得累或酸疼为宜。

巧购二胡

5岁左右的孩子还不适宜使用标准尺寸的二胡。儿童用琴弓的弓杆不应粗于7毫米（铅笔的粗细），弓长72～75厘米较理想。因为孩子无法自如地驾驭大的琴筒和粗的琴杆，否则把位过大或琴弓过长都会造成学生在练习演奏中不必要的麻烦，久而久之还会导致错误的演奏姿势和不正确的拉琴习惯。

年龄较小或身高较低的孩子初学二胡，有的老师会建议先以京胡、京二胡等作为代用乐器使用，待他们七八岁以后再使用正规的二胡学习。

一把二胡的价位从一百多元到上千元不等，孩子初学用琴一般在400元左右。目前，二胡乐器的规格、质量还不够统一完善，若选择不好可能给孩子学琴带来一定的困难。选购时要听其音色，听一听拉推弓的声音是否统一、准确等，最好能让老师或专业人士帮助挑选。为使新购的二胡声音准确、纯净，应先由教师帮助调试之后方可使用。

支付合理课费

学习二胡的兴趣班一般分大班（集体课）、小班（小组课）和一对一单独授课几种形式。根据班型不同及所在城市的地区差异，学琴的收费标准并不统一。

集体授课每次课60分钟，25～80元/课时。

单独授课每次课45～60分钟，80～150元/课时。

建议选择有一定教学经验的二胡老师，各艺术专业院校、少年宫、文化馆和一些信誉较好的培训机构都有较好的专业师资。

爱上二胡好方法

1. 帮助和提醒孩子合理地分配和运用时间。

要让孩子爱上二胡，父母的作用不可低估。父母在家里可起到鼓励引导的作用。现在很多孩子学琴的同时还参加一些别的兴趣班。由于孩子年龄小，自控能力和时间观念较弱，常会忙不过来或顾此失彼。父母应结合孩子的起居规律，帮助和提醒孩子合理分配时间。

2. 从多个层面激发、培养对二胡学习的兴趣。

无论是家里的锅碗瓢勺交响曲，还是大自然的鸟啼虫鸣，可随时唤起孩子对生活中各种声响的注意，让孩子体悟其中的音律和节奏，有助于锻炼孩子的听觉并让孩子拥有丰富的生活体验。另外，还可让孩子欣赏《赛马》《小花鼓》《江河水》《二泉映月》等脍炙人口的二胡名曲，带孩子欣赏音乐会，也可鼓励孩子参加一些与音乐相关的活动，如参与合奏、小演出，音乐夏令营或音乐冬令营等。

3. 发现孩子学琴表现中的积极因素。

孩子的自我控制能力不强，喜动好奇，持久力差，易于分心。因此，若父母总是采取强制、压服的做法，只会消退孩子主动学习的热情和兴趣，导致孩子碰到困难就退缩，甚至丧失学琴的信心。父母可配合老师的教学进度，仔细观察孩子的学琴表现，努力发现孩子求好上进的积极因素，真诚、耐心地加以鼓励。应让孩子感觉：练琴是一种具有吸引力的、有趣味的活动，通过练琴可以体味进步的快乐。这样孩子才能从内心深处愿意练琴，并享受其中乐趣。

4. 孩子厌倦时，休整一下或许能积攒前进的动力。

若孩子一段时间内，总是练习时打不起精神，有抵触情绪，父母要与老师积极沟通，适当调整一下学习计划或考虑暂停一阵子。孩子遇到困难，父母可引导孩子多回忆练琴以来的进步和成绩，想一想克服难关时的喜悦心情，并继续给他提供一个洋溢着美好琴声的温馨环境，逐渐帮助孩子重新恢复坚持下去的信心。

教师的关键作用

1. 采用孩子易于接受的教学方法，调动孩子学琴的兴趣。

给孩子上课时，可采用模仿教学法、游戏法、对比法、故事引导法等启发性的教学方法。孩子学琴初期，老师示范孩子模仿的模仿教学法比较有效。对此，父母在家里也可积极配合，如通过用收音机、录音机、录像机、电视等音像设备，给孩子提供充足的可听、看和易于模仿的学习材料。课堂上，老师还可以利用孩子喜爱游戏的天性，用游戏法教学。例如在辅导儿童学习分乐句时，可选择《顽皮的小动物》等曲子，用括号将需要演奏的乐句标明，将孩子分为两组，第一组担任演奏，第二组学动物叫。规则是扮演小动物的一组，双手放在耳朵边，听完一个乐句后就站起来学各种小动物叫。两个组都完成学

习内容后，互相交换位置，反复训练。游戏化的学习往往能让孩子保持高度的专注力，兴致勃勃地完成学习任务。

2. 通俗易懂地给孩子讲解曲子的内涵。

可用讲故事的办法去启发孩子理解乐曲的内容、意境，并引导他们在演奏中表达出来。如在练习独奏曲《小猫钓鱼》时，可结合乐曲旋律，将各段内容分别给孩子讲解出来，让孩子能较快地明白音乐所表现的内容和意境，也体会到曲子引申的道理。听了乐曲后，老师还可启发孩子讲一讲自己的感受或自由编一段故事。这有助于促进孩子形象思维的发展。

执笔：

王安娜

师从于中央音乐学院二胡教育家聂靖宇教授。1996年起在石景山区青少年活动管理中心从事二胡器乐辅导与教学。2004年因业绩突出，获得中国音乐家学会二胡分会和北京市学生活动管理中心等联合颁发的"优秀园丁奖"。

昊昊比较好动，每次上课不到十分钟就坐不住了，也不注意听讲。回家练琴时，妈妈更是头疼。昊昊妈妈深知教育孩子是一项大工程，决心以昊昊学二胡作为切入点，探索教育的好方法。为了激励、培养儿子对二胡的兴趣，昊昊妈妈制定了"和孩子一起学习，共同成长，不简单粗暴对待孩子"的原则。

妈妈也买了一把二胡，遵照老师要求的要点，比如边拉边唱、内心要唱谱等，每天和儿子一起练习。练习时，妈妈常向昊昊求援："我不会唱谱，你能教我一块唱吗？" 昊昊立刻高兴地边拉边唱示范起来。妈妈还常跟儿子进行一些小竞赛，激发他的练琴热情。

每次上课，妈妈都主动和老师交流，在老师的启发下，妈妈结合教学的内容自己创编了一些小游戏。比如学琴之初，老师要求多练习音阶，注意音准。昊昊觉得

邻家妈妈好经验

枯燥不爱练。于是，妈妈编了一个"小鸭子上楼找妈妈"的游戏。把音阶形象地比喻成上阶梯。当孩子音没拉准，妈妈就表演出"小鸭子踩空台阶摔下来了"的样子，看到妈妈形象的动作比喻，昊昊被逗得哈哈大笑，然后就会自觉地从头开始练习。而音都拉准了，妈妈就比划出小鸭子成功地爬上楼找到妈妈的样子。

经过母子的共同努力，昊昊发生了明显的变化，就像变了一个人似的。不但上课能坐得住了，练习时还很认真，而且从心里对二胡产生了浓厚的兴趣。周围的父母对昊昊的转变很好奇，纷纷向昊昊妈妈取经，学习她的经验。

昊昊妈妈觉得，并不是一定要母子齐上阵，重要的是用心捕捉孩子的兴趣点，和孩子一起想些轻松有趣的游戏，给孩子一个充满鼓励和赞美的氛围，激发他对学习二胡的兴趣。

参考信息

考级与比赛

考级可以检验孩子的学习成果并验证老师的教学规范与否，为孩子的才艺学习留下鲜明的脚印，有积极的作用。但有些父母和一些培训机构过于急功近利，把孩子学琴的目标直接定在考级上，这样孩子只能凭借父母的压力往前走，很难产生兴趣，最终不仅学不好二胡，由此引起的负面情绪还可能波及到孩子的其他学习，往往得不偿失。

目前，针对二胡考级，中央音乐学院、中国音乐学院、中国民族管弦乐学会和中国音乐家协会等主办的权威性较高。中央音乐学院的考级活动一般在每年的寒暑假及5月、10月前后，每年共4次，学生参加二胡4级以上的考级须持有中央音乐学院1级音基证书方可参加。中国音乐学院的考级活动在每年的寒、暑假，共2次。中国民族管弦乐、学会和中国音乐家协会考级委员会的考级活动一般也安排在每年的寒、暑假，共2次。

孩子学习到一定的程度，适当地参加相关的比赛对激发孩子兴趣、找到前进的动力有一定的益处。相对知名的赛事有：

每年各大城市及区县教委举办的相关艺术节的比赛。

每年中国民族管弦乐协会举办的少儿民族器乐独奏比赛。

每年中国关心下一代教育委员会、中国少年先锋队、共青团中央等联合举办的"全国青少年才艺比赛"。

选修课8 琵琶 ▍

琵琶是我国民族乐器中极富表现力的弹拨乐器之一，已有两千多年的历史。

琵琶的音域宽广，音色多变，演奏手段多样，表现力极为丰富。既能表现婉约柔美的乐曲风格，又能表现活泼流畅、明快喜悦的曲调；而表现雄壮激昂、铿锵有力和具有张力的曲调风格更是琵琶的一大特色。唐代著名诗人白居易在《琵琶行》中曾用"大弦嘈嘈如急雨，小弦切切如私语""嘈嘈切切错杂谈，大珠小珠落玉盘"这样的佳句形容琵琶演奏者出色的演奏技巧和琵琶高超的表现力。

在民族乐队中，琵琶不仅是重要的独奏乐器，还可用于领奏、合奏和伴奏，艺术表现效果独特。

琵琶学习早知道

学习琵琶的益处

1. 指法复杂，利于锻炼手与脑的娴熟配合。

琵琶有四根弦，音域宽广，有三组八度，把位跨度较大，左右手的指法种类多且复杂，弹奏难度较大。学习琵琶，能很好地促进孩子手腕和手指动作的发展。同时练习过程中要求眼睛、耳朵、手和脑等全身共同配合，尤其是复杂的手指动作和左右手的配合，可提高孩子手与脑的协调能力。

2. 提高学生的观察力、判断力和控制能力。

学琵琶需要唱谱，需在瞬间判断出所认读音符的音高，同时判断出应在哪根弦、用什么指法弹奏出来。有的音在琵琶的四根弦上都可找到，但为了让学生能精确控制手指动作，学习时会提醒孩子注意看乐谱上标明的按弦位置和几指按音，孩子通过反复练习，能逐渐达到控制自如。这些都利于提高学生的观察力、判断力和控制能力。

3. 加深对中国传统文化的认识，提高文化修养。

唐代是琵琶艺术发展的高峰，在唐朝，曲项琵琶已成为主要乐器，在乐队处于领奏地位，对盛唐歌舞艺术的发展起了重要作用。从敦煌壁画上反弹琵琶的飞天形象到白居易的著名诗篇《琵琶行》，都可想见琵琶艺术在当时社会的影响力。历史上流传下来的《十面埋伏》《霸王卸甲》等武曲和《月儿高》《昭君怨》等文曲，每首乐曲的背后都包含着丰富的历史典故和深刻的文化寓意，是中华民族音乐的瑰宝。孩子通过聆听和学习这些乐曲，能够亲身感悟中华民族文化的精髓，提高文化修养。

我的孩子适合学琵琶吗？

没有听力障碍，手发育正常，有学习意愿的孩子都可以作为业余爱好学习。

几岁开始学习合适？

孩子演奏琵琶时需要抱住琴弹奏。如果孩子个子不够高，抱住琵琶后他的视线感觉会不理想，容易造成孩子内心的焦虑。一般6岁以前孩子会因个子的原因学起来较吃力，6岁以后开始学比较好，也可考虑8～9岁开始，这时孩子的控制能力、协调能力发展得较好，学习进度会快一些。

作为业余爱好，原则上说多大年龄开始学习都不算晚。但由于琵琶左右手的技巧多而复杂，若20岁以后再学习，手指不如年龄小的孩子灵活。

每次宜练习多长时间？

初学阶段，每天练琴时间不必过长，保证30分钟即可。随着学习内容的加深，练琴时间可逐渐延长。父母陪伴孩子练习时，最重要的是要观察孩子练琴过程中精力是否集中，练习15分钟之后可以让孩子休息一会儿。但不要过于强调练琴时间的长短，而应注重孩子练琴的方法和效果。让孩子逐渐养成定时练琴的好习惯，持之以恒，不仅学琴能取得进步，这种体验对孩子一生都会有积极的影响。

巧购琵琶

琵琶分成人用琴和儿童用琴两种规格。琵琶的品种和档次较多，价格取决于制作材料和工艺，从几百元到几万元不等。普通的儿童用琵琶价位在400元左右，成人用琵琶在3000元左右。

购买琵琶首先要考虑孩子的年龄、身

高，要选择正规厂家的琵琶，因为他们有完善的设备和制琴经验。要选到一把手感和音色都比较好的琵琶，关键要听音准、音色和音量，所以最好有老师或专业人员的帮助。

学习琵琶，需选择一副理想的假指甲。指甲的材料有牛角、玳瑁、赛璐珞等。一般建议选择赛璐珞的，厚度为 0.8 厘米的比较好，弹奏时音色、音量比较理想。假指甲要根据个人手指的大小加以修剪并将边缘打磨光滑后方可使用，否则会影响到琵琶的音色、音量及音乐的表现力。初学的孩子，需要请老师来帮助孩子选择和调整适合的假指甲。

支付合理课费

课费根据地区和授课形式的不同有差异，也有的机构或老师按考级的级别收费。授课形式一般分大班、小班和单独授课。

集体授课：每次课 45 ～ 60 分钟，50 ～ 80 元 / 课时。

单独授课：每次课 50 分钟左右，80 ～ 200 元 / 课时。

最好物色有专业经验和儿童音乐教学经验的老师，例如各专业院校的老师、各省、市、区县的少年宫、文化馆的专业辅导老师以及信誉较好的培训机构的老师。

爱上琵琶好方法

1. 找孩子熟悉的乐曲启蒙，孩子更有兴趣，更容易入门。

初学阶段，可采用孩子熟悉的儿童歌曲，如《小星星》《世上只有妈妈好》《卖报歌》《金蛇狂舞》和《旱天雷》等。一些不同节拍、不同指法和技巧可运用到这些乐曲当中去，更能引发孩子的兴趣，让孩

子在快乐中锻炼基本技巧。

2. 讲解乐曲内涵，激发学习兴趣。

孩子在学一首新乐曲时，老师一般会在课堂上用生动、风趣的语言为学生讲解乐曲的时代背景、作者的逸闻趣事及作品内涵等。为了让孩子更深地了解乐曲的内涵，父母可以根据孩子的兴趣，和孩子一起搜集相关图书音像资料，拓展孩子的知识面。比如，孩子们一般都知道阿炳是著名的民间艺人、二胡演奏家，创作了代表作《二泉映月》。当孩子经过查阅资料或听光盘，进一步积累了丰富的知识，就会知道了解到阿炳原名华彦钧，他的琵琶演奏技艺也很精湛，并创作了《大浪淘沙》等琵琶名曲。这之后再学习琵琶曲《大浪淘沙》兴趣则会不同，也能更深刻地理解和表现乐曲的内涵。

3. 既要重视技巧训练，也要重视乐感的培养。

孩子初学常因技术不稳定、协调能力弱等原因，在换把位时手指上下移动不及时，从而导致弹出的音乐不连贯。练习技巧固然重要，但只有把技巧训练与培养音乐感紧密结合起来才能使琵琶演奏产生质的飞跃。要使琵琶能演奏出富有歌唱性的旋律，表达真挚的情感，就要从琵琶的基础指法练习开始，从第一个音阶开始就要注意节拍的律动性以及旋律进行中音与音的递进、乐句与乐句之间的连接等，还要把技能练习、乐曲的演奏与乐句的划分结合起来。要让学生掌握演奏技巧的同时，注意感性与理性的结合，这样演奏的乐曲才能更富有叙述感和穿透力，这些都是增进孩子音乐感觉的重要方面。

邻家妈妈好经验

我女儿6岁多开始跟专业老师学习琵琶。她的学习过程并不是一帆风顺的，刚开始热情很高，随着难度的增大，加上学校文化课学习日程安排很紧，有时练琴时间很难保证，积累的问题也越来越多，女儿甚至有几次提出了想放弃。经过和老师交流，老师及时调整了教学方案，相应降低了难度，放缓了进度。同时有针对性地帮助她制订了练习计划和练习进程，让她学会在练习过程中抓住重点和难点，避免练习中出现一遍一遍盲目地"过曲子"。老师还提醒女儿练琴前首先要多打拍子唱谱，准确掌握节奏，唱谱时要看清指法和把位，要用心去记。只有在练习的每一个瞬间，都要清楚地意识到自己的手指在干什么，才能达到高效的练琴效果。

我也根据老师的建议在课余时间，多给她听《高山流水》《渭水情》《彝族舞曲》等琵琶名曲，找机会带她去听民族音乐会，感受现场的演奏气氛。

在老师的鼓励下，女儿参加了学校民乐队的活动，平时学到的知识和技巧得以充分展示，获得了同学和老师的认同。参加了民乐队后，女儿有更多的机会与同学们交流和配合，锻炼了她的集体观念和相互协作的精神，同时增强了学习兴趣。

今年1月，女儿和其他几名学员跟随老师参加了由北京市音乐家协会、《音乐周报》和中国音乐学院等单位联合举办的北京市第八届中小学生"月坛杯"民族器乐比赛，获得了中学组的金奖。当时的评委之一是我国著名的琵琶演奏家、教育家王范地老师。得到了专家的认可，他们都欣喜异常，学习热情更高了，眼界也更开阔了。

如今，女儿学琴已8年多，取得了中央音乐学院考级的最高级（9级）的证书，并能完整地演奏《春雨》《草原英雄小姐妹》《十面埋伏》等难度较大的作品。在陪伴女儿学习的过程中，我也受益匪浅。通过跟孩子一起听课，我的音乐知识丰富了，变成了民乐迷，有了这个共同的爱好，我和女儿的交流更顺畅和密切了。

执笔：

李琴

1979年至1987年担任北京军区战友文工团乐队琵琶演奏员。20年来在石景山区文化馆从事器乐辅导与教学。

参考信息

考级与比赛

针对琵琶，中央音乐学院、中国音乐学院和中国音乐家协会等都有考级，各自都出版独自的教材。琵琶考级一般分1～9级或1～10级，1级是最初的一级，考级可以逐级循序渐进地考，也允许适当地跳级考。考级时要求准备两首练习曲、两首乐曲，考官可以从头考到尾，也可以抽查考。通过的标准是要求考生乐曲弹奏得完整、流畅，节奏和指法符合要求，而且能够准确地表达作品的内涵。

另外，适当参加比赛活动也可以开拓孩子的眼界，让孩子们互相取长补短，互相学习，激发努力学习的热情，所以建议父母可鼓励孩子适时地参加一些比赛活动。

现在国家教委、文化部和音乐家协会等部委和团体的相关部门每年还举办相关比赛活动，父母可以通过《音乐周报》等报刊和相关网站了解比赛信息。例如，国家教职工委每年在全市举办的中小学生艺术节，内容丰富，各个区县预先比赛的第一、二名的学生才可参加北京市的比赛。比赛分年级进行，也有的分年龄组来进行。

选修课9　少儿舞蹈 ▋

　　舞蹈是用肢体来表达情感的一种艺术形式。一般少儿舞蹈学习包括律动、歌舞表演、集体舞等几种形式。以舞蹈基本功、身体律动以及多种游戏和小舞蹈组合为主，力求让孩子在轻松愉快的练习过程中自然地表达自己的感情，养成开绷直立——身体打开、绷紧、挺直的正确体态，培养孩子良好的气质；增强孩子身体的协调能力和对节奏的敏感性，给孩子美及艺术的熏陶，释放他们的艺术潜能。

少儿舞蹈学习早知道

学习少儿舞蹈的益处

1. 提高身体的协调性和柔韧性，促进生长发育。

适时有度的舞蹈训练对于正处在生长发育时期的孩子来说，不仅能锻炼身体的协调性和柔韧性，还利于孩子身体正常发育和骨骼成长。此外，作为一种优雅的有氧运动，舞蹈能够很好地调整紧张的课业学习造成的身心疲惫的状态。

2. 提高肢体运动智能。

在学习舞蹈的过程中，孩子所有感官系统都被充分调动起来，对提高孩子的控制能力是有益的。舞蹈动作要与音乐互相融合，充分表达出所要传达的故事情节和情境，这就要求孩子要了解、掌握音乐的节奏和韵律，感悟如何用肢体动作表现音乐或歌曲的内涵，同时抒发自我情感。孩子需要观摩、分解和记忆老师的示范动作，揣摩角色的情绪心理，随着音乐准确地模仿表达出来。这些学习舞蹈的基本训练有助于不断增强孩子的观察力、理解力、记忆力和表现力。

3. 培养良好仪态和审美情趣。

受过长期舞蹈训练的人，举手投足间会有种外在的形体和内在的气质相结合的优雅大方的美感。进行舞蹈学习，有助于孩子练出健美的身姿，孩子由此得到的赞美和关注会给孩子带来满足感。同时，很多富有情趣的优秀儿童舞蹈都编自孩子身边的生活场景，通过学习表演，孩子能获得新的审美视角，更加敏感地发现生活中的美。

4. 增强社会交往能力和团队精神。

针对孩子的社会性和感性的培养，舞蹈学习有着独特的益处。无论孩子性格活泼大方还是安静内向，只要孩子学习少儿舞蹈，就经常会有表演的机会，特别是集体表演的机会。表演时孩子不仅要做好自己的舞蹈动作，还要注意到大家的队列顺序和动作的配合，由此孩子能体会团队配合的重要性，这些有助于促进和提高孩子的社会交往能力、责任感和团队意识。

我的孩子适合学少儿舞蹈吗？

作为业余爱好，儿童舞蹈对孩子的身体条件要求并不高，只要没有严重的身体缺陷，都可以学习。甚至聋哑人都可以经过特殊培训，跳出优美的舞蹈。《千手观音》就是典型的例子。但是，舞蹈学习的很多益处不是短期一下子能体会到的，持之以恒才会得到更大收获。当然，如果专业学习舞蹈对于舞者的身体的比例、体重、身高等有比较严格的标准。

几岁开始学适合？

建议从4岁以上开始学习，如果孩子天赋条件突出，很喜爱舞蹈，有意愿进行专业的舞蹈学习的话，建议等到10岁以上为最佳。因为专业舞蹈训练强度大、时间长，对于10岁以下孩子的生长发育是十分不利的。

这里还需要补充一点，针对3岁以下的孩子，一些质量较高的幼教培训机构专门设置了奥尔夫音乐课程，其中包含了儿童舞蹈的启蒙教育。这种学习是以激发和培养幼儿本身的律动、节奏感为目标，课程内容也大多是一些自娱、自发、模仿性行为，是一种新兴幼儿艺术教育方式。

每次宜练习多长时间？

集体授课每课时一般为1小时左右，

但不宜超过 1.5 个小时，中间要进行一两次的短暂休息。

学习少儿舞蹈需做的准备

一般没有服装上的要求，只要服装合体又不妨碍舞蹈动作就可以了。但也有老师要求上课前要准备好合适的形体服和猫爪鞋，这样有利于授课老师及时准确地了解孩子动作的准确性。

支付合理课费

当下的舞蹈培训机构很多，每课时价位高低不等。一般相对合理的收费应该是 10 人左右的班每小时 30 元左右。由于孩子天性活泼、注意力容易涣散，领悟力相对较弱，建议选择人数在 12 人以下的小班，这样舞蹈老师才能够顾及每一个学生的表现。但也并非班里的学员越少就越好，因为孩子们学习时需要一个氛围和参照，班级学员太少，课堂的氛围就会很难调动，这会在无形中影响孩子的兴趣。

选择兴趣班和老师

报班之前，父母可咨询相关培训机构的招生人员，最好能够听到负责舞蹈项目老师的介绍。通过试听课也能较好地了解兴趣班和老师的基本状况之后，父母可根据孩子的兴趣偏好和性格特点选择适合的舞蹈项目、班型和老师。比较知名的培训机构在师资和教学管理方面都更加规范一些。

爱上少儿舞蹈好方法

激发兴趣好方法

1. 父母要尊重孩子的兴趣和意愿。

孩子对舞蹈没兴趣，父母不应强迫他学，但也不要打击孩子学习舞蹈的愿望。父母不要操之过急地为孩子报班，要想方设法让孩子对学习舞蹈产生兴趣之后才应将孩子带入舞蹈课堂。否则孩子往往会不能坚持下去。

2. 给孩子提供一个好的美育环境。

多给孩子听优美的音乐，多观看一些与音乐舞蹈相关的电视节目或光盘，若能有机会现场观摩儿童舞蹈表演，更有助于激发孩子对舞蹈的兴趣。父母和孩子可以针对优美的舞蹈，互相交流感受，提高他们的审美能力。

3. 鼓励孩子多模仿。

儿童舞蹈大多包含了孩子最感兴趣的事物，如树木、花草、动物等，配上明快的音乐，有趣的情节，利于调动孩子的快乐情绪。父母可以随时随地鼓励孩子有节奏地动动手脚，模仿漂亮有趣的动作，只要父母善于鼓励，生活里能随时激发孩子对舞蹈的兴趣。

保持兴趣好方法

1. 启动让孩子坚持下去的最大动力。

为了更好地见到孩子舞蹈学习效果，贵在让孩子快乐地坚持下去。兴趣是让孩子坚持学习的最大动力，所以激发和保持孩子对舞蹈的兴趣是根本。学习舞蹈，不仅孩子，父母也要有良好的心态，牢记让孩子学习舞蹈的初衷——提高孩子的艺术修养，丰富生活乐趣。否则父母追求考级、比赛，容易给孩子施加压力甚至强迫孩子学习，容易挫伤孩子的兴趣，让他半途而废。

2. 多交流，多鼓励。

为孩子报名时，选择有亲和力、有责任心的老师很重要。开始学习后，父母要多与授课老师交流孩子的性格特点，多询问老师的对孩子的观察和建议，及时了解孩子的不足和长处。尤其是对舞蹈完全不摸门的入门阶段，孩子难免会出现畏难情绪。这时父母千万不能责骂，而要根据孩子的接受能力和老师协商调整学习的难易程度或者增加辅导时间。同时，父母也要多找机会和孩子交流，积极地鼓励他并及时帮助孩子排解畏难情绪。无论孩子学习舞蹈的成果怎样，父母都应做孩子坚实的后盾和忠实的"粉丝"，永远用微笑给孩子的努力和进步打分。

3. 让孩子以舞会友。

父母不仅可以让孩子在家人或客人面前进行表演以增强他的自信心，还可以找机会让学习舞蹈的小伙伴们聚集在一起，让他们有机会相互激发舞蹈兴趣，并引导他们一起表演展示，互相观摩切磋。在这个过程中，孩子会不知不觉模仿小伙伴动作的优美之处，克服自己的不足，对舞蹈的兴趣也自然而然地加深了。

邻家妈妈好经验

晓涵两三岁时就很喜欢音乐，每听到音乐就手舞足蹈，动作活泼可爱。4岁时，妈妈征求了她的意愿后，为她在少儿舞蹈班报了名。可是第一次进舞蹈教室她竟哭着不肯从妈妈怀里出来。老师示意妈妈先不要着急，让孩子在一旁观摩。当看到其他小朋友边做动作边唱大家都熟悉的儿歌并跟着老师做游戏，晓涵眼里露出羡慕的神色。老师示意妈妈让她也来参加进来，晓涵在妈妈的鼓励下，先是胆怯地移动到小朋友旁边，慢慢地开始和大家一起做起了游戏。可是一到学舞蹈动作，她又跑回妈妈的怀里。

下课后，妈妈很着急地找到老师："怎么办，是不是我女儿不适合学舞蹈？"经验丰富的老师安慰妈妈："不是的。这种情况很正常。因为孩子对陌生环境的适应能力比较差，与陌生人交往有畏惧心理，对父母有依赖情绪，您可以继续坚持带她来上课，让她逐渐熟悉环境。建立起安全感之后，再开始学舞蹈不迟。"

第二次上课，虽然晓涵不再哭闹了，眼睛一直盯着老师看，但还是不愿意站到队伍里去。老师不时微笑地看看晓涵，做游戏时，老师伸出手来邀请她参加，她迟疑着加入到了队伍中，游戏结束后，老师将她安排到了第一排的中间，她开始和大家一起学起了舞蹈动作。

日子一天天过去，妈妈发现虽然晓涵开始喜欢学习舞蹈，对上课也有了兴趣，但是，学习时总是不够用心和专注。经过沟通，为避免晓涵因依恋妈妈而不能集中学习，妈妈听从了老师的建议，减少了在教室陪伴的次数。但妈妈下课接她的时候总会关心地询问学了什么新舞蹈，并对她表演的新动作大大地鼓励一番。

随着晓涵舞蹈学习的进步，她变得愿意在大家的面前表演了，性格开朗活泼了很多，笑容也越来越自信了！

老师经常让晓涵和小朋友们一起参加一些小演出，锻炼她们的舞台表演能力。如今晓涵已经上了小学2年级，一直坚持舞蹈学习，身姿挺拔，性格大方。她不仅是学校里的文艺骨干，还是学校里数一数二的优等生。

执笔：

李泳

北京巨人学校舞蹈部主任，资深舞蹈教育工作者。

参考信息

考级和比赛

现在市面上的考级种类较多，考级的主办机构也逐渐增多。设置舞蹈考级的初衷是为了使舞蹈学习更加规范和有步骤可遵循，以利于普及舞蹈教育和弘扬舞蹈艺术。但舞蹈用肢体来表达情感的艺术特性，决定了它不可能完全被分解成各种硬性指标测评出来。舞蹈学习不应以考级为目的，单纯追求考级会造成很多弊端。

全国和各省市都定期举办一些知名的少儿舞蹈比赛，例如每年年末北京海淀区都举办艺术节比赛，一等奖获得者可直接晋级北京市的相关比赛，二等奖获得者通过选拔晋级市级比赛。相关比赛信息父母可以上舞蹈网的论坛上查询，并根据孩子的兴趣和意愿适当地选择参加，让孩子的才艺得到展示。父母应更多地重视培养孩子的兴趣和综合舞蹈能力，让孩子体会到舞蹈的乐趣。

相关网站

中国舞蹈论坛 http://www.05005.com
巨人艺术网 http://ys.juren.com

选修课10　芭蕾 ▌

芭蕾起源于意大利,兴盛于法国,所以"芭蕾"一词本是法语"ballet"的英译,而它的词源则是意大利语"balletto",意为"跳"或"跳舞"。主要特征是女演员要穿上特制的足尖鞋立起脚尖跳舞。足尖鞋的前部由特殊的胶水把布一层层粘起来,形成一个硬硬的头,前端有一个小平面;鞋底内有一块橡胶鞋板,鞋底外有一块皮质底。演员靠鞋板的帮助立起来,并利用鞋头的小平面固定重心。

北京俊菊芭蕾舞艺术中心给喜爱芭蕾的孩子们提供了圆梦的舞台

芭蕾学习早知道

学习芭蕾的益处

1. 身材挺拔，仪态端庄。

孩子学习芭蕾，对他的骨骼发育、形体都有好处。通过训练，能够纠正孩子的不良姿态和形体，比如O形腿、内八字、驼背等等，总之，无论站姿还是坐姿，都能使孩子保持挺拔端庄。芭蕾是一种从头到脚的系统训练，头、颈椎、脊椎、背、腰、跨、腿、膝和脚都能涉及，这样的全身均衡运动对孩子的骨骼发育特别有好处。

孩子初级阶段的训练，一般不会加入难度大的动作，只是基本的形体训练，教一些站姿、坐姿、手位脚位等。比如站姿，要求肩部下沉，突出胸部和颈部的美好线条；腿部收紧腰部直立。久而久之，孩子就会身材挺拔、仪态端庄。

2. 改善气质，增强自信。

芭蕾实际上是一种内外兼修的训练。它不光让人有一个优雅的体态，而且还能改善人的气质，让人充满自信。我们常听到老师在教学过程中不断地强调"多美呀，像个小公主！"这可不是随便说说的，这种有目的的正面肯定和提醒，让孩子觉得自己就是漂亮，就像公主那样骄傲！而且训练还需要音乐伴奏，这更是一种艺术的综合培训。长期"熏陶"，形体与气质都练就出来了。从这一点上来说，芭蕾作为健美身材、提升气质的一种方式，任何人都可以学。

3. 陶冶情操。

驰名世界的英国皇家芭蕾舞学校的校

长、当代卓越的芭蕾舞蹈家帕克
夫人，接受中国著名摄影家邓
伟采访时曾这样说道：
"我们的一贯方针不单纯
是培养优秀的舞蹈演员，
还要培养他们成为勤
奋、情绪稳定、彬彬有
礼，具有独立思考能力
的人，成为对任何一个社
会和在任何一种环境中都有价
值的人。——观看他们这样的人表
演不仅是一种享受，认识他们也是
一大幸事。"这样看似和芭蕾舞无
关的一段话，却是世界顶级芭蕾
舞艺术教育学府的终极目标。虽
然普通孩子只是作为兴趣学习，但
学习过程中，对孩子情操的熏陶比
训练动作技巧更重要。

我的孩子适合学芭蕾吗？

　　一袭轻纱、一双舞鞋，完美
的身段、优美的舞姿……这就是
芭蕾舞给我们的印象。因为它超
凡脱俗的美和清新活泼的意境，
让我们觉得它高高在上，遥不可
及。其实，芭蕾不拒绝任何人，
包括只有四五岁的孩子。

几岁开始学合适？

　　建议孩子最好 5 岁左右开始学
芭蕾。因为芭蕾不光需要形体练习，
也需要培养内在的气质。孩子太小
身体条件达不到训练要求，也不能
很好地理解老师的意图和一些抽象
的讲解，效果不会很好。

学习芭蕾需做的准备

　　最基本的练习装备：紧身衣、

紧身裤袜和软底鞋。一般衣裙鞋袜一套行头的
价格 100 元左右。
　　但最吸引孩子的芭蕾舞用的足尖鞋并不适
合初学的孩子。国外的芭蕾舞教学有 12 岁以
后再穿足尖鞋练习的说法，但在国内没有一定
的年龄界限，一般看孩子学习的时间和学习情
况，有的孩子学习 4 年左右之后，舞蹈的基本
功和技巧掌握得较好，也可以适当地穿着足尖
鞋练习一些简单的动作。

支付合理课费

　　学习芭蕾舞一般都是分班集体授课。一

期一般 12～16 次课，学费每期在 450～650 元不等。

爱上芭蕾好方法

1. 和孩子一起观看芭蕾舞节目或演出。

电视里经常播放芭蕾舞节目，父母可以找机会陪孩子一起看。芭蕾舞深深地根植于西方文化背景，很多著名的芭蕾舞剧如《天鹅湖》《灰姑娘》《睡美人》都取材于流传很远的童话故事，有了对情节的初步了解，孩子会有一定的亲近感。特别是芭蕾舞剧演员身着白纱裙的优美舞蹈造型，往往能引起孩子的无限遐想。如再能找到一些与剧情或演员相关的小故事，和孩子一起边观看边交流，不失为激发孩子兴趣的一个好方法。

2. 在行走、游戏中体会音乐的韵律。

选择节奏明晰、轻松优美的乐曲或歌

曲，让孩子随着音乐的节拍自由地行走。可以引导孩子感知不同音乐的节奏变化，并用步伐表现出来。也可以和孩子将空饮料瓶装上绿豆或大米做成"小沙锤"，随着音乐的节奏自由地敲打晃动，体会节奏的快慢。这能锻炼孩子感知节奏的能力，对孩子日后学习用芭蕾舞动作表达音乐很有益处。

3. 鼓励孩子即兴表演。

课下巩固和练习老师布置的舞蹈动作当然需要。但是为了保持孩子的兴趣，父母不妨想一些能激发孩子主动性的巧招。比如鼓励孩子来一段即兴表演，或摆几个优美姿势，并用照相机或录像机及时拍或录下来，让孩子体会到成就感。一段时间以后，拿出照片和录像来观看比较，能明显看出孩子进步的步伐，这些资料也将成为孩子童年的美好回忆。另外，还可以邀请一起学习芭蕾舞的小伙伴开一个家庭自由表演会，放上美妙的音乐，让孩子们穿上漂亮的服装，在音乐声中自编情节、自由发挥。

指导专家：

王俊菊

北京舞蹈学院芭蕾舞教育专业毕业，1990 年开始从事专业芭蕾舞教学，1996 年起同时担任非专业的成人、儿童芭蕾舞教学。1999 年以来，担任北京俊菊芭蕾舞艺术中心校长。

Tips 专业芭蕾演员的选拔条件

要想成为专业演员，首先就要具备一定的天赋条件："三长、一小、一高。""三长"是脖子长、胳膊长和腿长，"一小"是脑袋小，"一高"是脚背高。腿一定要直，而且至少要比上身长 10 厘米。

邻家妈妈好经验

女儿4岁多时在电视上看到了芭蕾舞剧《天鹅湖》的片断，之后常情不自禁地模仿着做出各种动作，还真有那么点模样。我到书店给她买了有名的芭蕾舞剧《天鹅湖》《睡美人》和《胡桃夹子》的光盘。女儿真的很喜欢，时不时地让我拿出来放一段给她看看。看她那么感兴趣，我又买了相关书籍，给她讲一些与芭蕾舞相关的小故事，还找机会带她去看了几次芭蕾舞演出。演出现场的气氛比光盘更有魔力，女儿回家后让我找出光盘兴奋地跟着又跳又比划，陶醉得不得了。5岁生日时，按她的愿望给她买了芭蕾舞剧中的天鹅公主穿的那种白纱裙和一个漂亮的小发卡，照了几张纪念照。照片上女儿穿着白纱舞裙，模仿着芭蕾舞的动作，非常漂亮。随着对芭蕾舞的热情日渐高涨，女儿开始反复要求学芭蕾舞。经过多方寻访，我为她物色了一个在网上口碑很好的芭蕾舞兴趣班。老师说学龄前的孩子对音乐和芭蕾的内涵还缺乏理解，只能模仿一些基本动作，所以刚开始学习的一年到一年半，都是以启蒙为主，课上并不是整日地把杆、压腿，会经常穿插一些锻炼孩子韵律感的小游戏，主要是让孩子练一些带点芭蕾风格的基本动作。第一次上课，走进宽敞的训练大厅，女儿像找到了自己的舞台，迈着轻快的步子走到自己的位子，练习得很起劲。我在家里客厅的墙上，为她安装了一面大镜子，让女儿自主地

练着玩。因为老师强调：对孩子来说音乐的体悟和节奏感的培养很重要，所以我没有太盯着她练课上学的基本动作，而是由着她在镜子前随着音乐自由地发挥。有时我会找到她感兴趣的《天鹅湖》里的音乐，选择其中的片段，随着音乐的变化，和她一起根据对音乐不同的感觉，即兴地用动作表演出快乐或忧伤的情绪。女儿对这样的游戏非常着迷，开始就那几个差不多的动作，渐渐地她能主动调动身体的能力，积极地呼应音乐的节奏，做出好多种不同的姿势。

参考信息

推荐VCD光盘	芭蕾舞剧《天鹅湖》《灰姑娘》《睡美人》等。

选修课11　童声歌唱

一般孩子到了青春期都要经历变声，童声即变声前的一段时期的声音。歌唱即声乐。

儿童学习歌唱，一是要初步学习完成歌曲作品所需的技巧。例如需学习把握准确的音高，用明亮、圆润、自然流畅、松弛而有穿透力的声音清晰地吐字，还要学习控制和运用歌曲所表现出的不同情感所需要的不同声音，其中包括高低、长短、强弱的发声技巧，而这一切都是需要在控制自如的呼吸支持下来完成。二是要初步体会用已掌握的发声技巧尝试对歌曲作品的理解发挥（二度创作）。这个过程则与孩子的文化知识、感悟能力和对原作品的理解等因素密切相关，每个孩子都用自己独特的方式，借声音和肢体语言来表现歌曲作品，展示童声歌唱的艺术魅力。

童声歌唱的表演形式，大致分为独唱与合唱。合唱即大家一起演唱，包括高、中、低声部，合唱要求在集体里演唱时，不仅要听自己的歌声，还要关注其他人的歌声，做好配合。学龄前儿童一起演唱时一般不分声部，称为"齐唱"。

童声歌唱学习早知道

学习童声歌唱的益处

1. 有助于培养孩子专注的能力。

孩子正值发育期，学习歌唱会促进他的呼吸、发声及听觉器官的发育，提高听觉灵敏度。在学习唱歌的过程中，需要孩子高度专注，对身体进行理性的控制，在瞬间完成歌唱所需要的相关器官的配合，这一切还有助于培养孩的专注能力。

2. 激发孩子的创造力和想象力。

经过长期的歌唱体验，很多孩子的性格更加开朗了，感知能力更敏锐了，语言表达更流畅清晰了，气质改变了，沟通能力和心理承受能力都增强了。这是因为对于声乐来说，人体本身就相当于一件乐器，可以随时随地地表演，孩子从第一次的"怯生生"到经历无数次"当众表演"的历练，会变得更加勇敢、自信和洒脱。同时，演唱每一首歌曲时对作品的二度创作的体验还可以很好地激发孩子的创造力和想象力。

3. 让孩子更好地欣赏和表达自己，更好地感受生活，体会艺术的魅力。

男高音歌唱家冰泉先生曾这样概括：孩子通过学习歌唱将感受到艺术和生活的区别。在唱歌时，人们会用夸张的声音和表情来表现生活。曲调或长或短，节奏或快或慢，声音或高或低，想表达的故事和情感随着歌声奔流而出，平凡的生活通过

艺术表达会变得很美。慢慢地，孩子会变得善于体会，善于发现。歌唱，还教会孩子把语气、重音、情绪、思维融会贯通，让孩子变得更善于表达，而这后面，是思考。慢慢地，孩子便学会了把握艺术的气氛，学会感染别人，打动别人。歌唱，最终是表达自己。每个孩子唱出的音准、声高和节奏一样，但反映出来的性格、个性却不一样。通过唱歌，孩子还学会了欣赏自己的性格，张扬自己的特色，展现自己的魅力。

我的孩子适合学童声歌唱吗？

只要没有重大生理障碍，每个孩子都可以学习唱歌。至于"五音不全""没有音乐细胞"的说法都不必理会。孩子唱不准音一般是由于发声系统和听觉器官等尚未发育完全或没有受到适当的刺激和训练造成的。经过科学的训练，随着年龄的增长，孩子发声系统各个器官之间的协调配合能力会逐渐提高。同时，音乐感觉也是可以培养的。

几岁开始学合适？

虽说孩子能够模仿唱出来就可以学唱歌了，但正规报班学习还是 4 岁以后更好。孩子理解了歌曲的内容，唱起来才会更投入，也更能从中感受到乐趣。

每次宜练习多长时间？

集体授课，一般每课时 45 ～ 50 分钟，单独授课，初学阶段每节课最好不要超过 30 分钟。因为孩子的声带非常稚嫩，不适合每次演唱太长时间。另外，孩子小，注意力集中时间短，集体课孩子轮流表演，有休息时间，单独授课孩子唱 10 分钟一般就应休息一会儿。总之，不能唱到声音疲劳了（嗓音发干、发涩）再休息，更不能一味地让孩子"拔高音"。

学习童声歌唱需做的准备

学习童声歌唱，一般不需要购置特殊的装备。如果在学唱歌的同时，有一些"视唱练耳"的基础知识，孩子能更快、更好地把握歌曲的音准、节奏及音乐的强弱、连贯，更好地表达歌曲的内涵。父母可以把孩子上课唱的歌录下来，回家后放给孩子听，有助于孩子进一步提高。

选择老师的标准

钢琴教育家高桥雅江老师建议：与器乐启蒙教学不同，目前中国正规的、高质量的儿童声乐启蒙老师和培训机构不多。歌唱不需要硬件设备投入，选择老师很关键。最需要注意的是老师的专业水平，老师的演唱方向不是最重要的，关键是老师的引导方法是否科学和正确。同时，老师还要有一定的儿童心理和儿童教育的经验。所以父母在给孩子物色老师的时候一定要全面考量。

支付合理课费

集体授课：4 人一组，每次课 60 分钟，按顺序每人一对一授课时间平均为 15 分钟，每次课 50 ～ 60 元。

15 人以下，每课时 45 ～ 50 分钟，收费 30 ～ 40 元／课时。

单独授课：专业声乐老师在培训机构或在家中一对一教学，针对性强，每次课 40 ～ 60 分钟，100 ～ 250 元／课时。

爱上唱歌好方法

1. 唱歌时首先注意让孩子保持良好的情绪。

人声是由呼吸系统、共鸣腔和发音体等多个器官共同作用的结果，各组器官的作用都不是孤立的，需要相互协调并在大脑紧密复杂的指挥下共同完成配合。所以唱歌时孩子的身体状况、精神状态和兴奋程度都不容忽视。也就是说情绪也是影响声音的重要因素。因此，唱歌时首先一定要注意让孩子保持良好的情绪。

2. 选择孩子喜欢的歌和适合孩子的歌。

如果歌曲中描述了孩子喜欢的相关内容，孩子就会特别感兴趣。那么什么样的歌才适合孩子呢？一是乐句不要太长，歌词容易理解，音域不要太宽。对此，北京师范大学李晋媛教授曾提醒："一般三四岁的孩子音域大约有五六度，五六岁的孩子音域大约只有一个八度（孩子会有个体差异）。"孩子学习唱歌时，若乐句太长、音太高或音量太大，超过孩子能力范围，将对孩子的嗓音造成负担并导致不良的歌唱习惯，甚至会毁伤孩子的歌喉。而歌曲内容过深又会让孩子因无法理解而在情感上无法对歌曲产生共鸣，没有共鸣孩子自然就不会有兴趣。

3. 鼓励孩子编一些有趣的配合动作。

对孩子不理解的歌词，尽量用启发性的语言给孩子解释，让孩子脑海中形成一幅图景或一个故事。还可以配合着歌词，鼓励孩子自编一些有趣的动作。例如唱《小星星》的"一闪一闪亮晶晶"的歌词时，可以让孩子用小手把小星星一眨一眨闪亮的景象表现出来。

4. 让孩子指导父母表演歌曲的内容。

孩子下课哼唱所学歌曲时，父母不妨趁机学唱几句，但可以故意唱错、跑了调或忘记了歌词，请孩子示范或纠正。父母还可以协助孩子配合歌曲的内容编节目，由孩子唱歌并当导演，指导全家人分别带上代表歌曲中角色的小头饰，一起表演。不仅能加深他对歌曲的理解掌握，还能有成就感，增添学习演唱的动力。

5. 多玩各种音乐小游戏。

把你要对孩子说的话，用"有话就唱"的游戏唱出来。例如想让孩子吃水果，不是说"来吃水果吧"，而是用随意的曲调唱

出来，游戏规则是要求孩子用相同的音高和调子唱出回答，例如唱"我马上就吃"。这样的小游戏很受孩子欢迎，当孩子玩得熟练之后，父母还可以忽高忽低、忽长忽短地改变唱法。这既练了孩子的听力和音准，调动了孩子的应变能力，又激发了孩子的想象力、创造力和对唱歌的兴趣。

6. 启发孩子眼睛里看到歌词所表现的画面。

为了让孩子能想象出歌词表现的内容、画面，父母可以多给孩子讲些相关的音乐故事，让孩子听一听相关的乐曲，丰富孩子的知识积累，这对孩子调整好唱歌状态及提高作品表现力有潜移默化的作用。当孩子因精神状态和身体状况不好等原因而歌唱状态不佳时，这个方法也能帮助孩子调整情绪，转移注意力，从而改善歌唱状态。

7. 给孩子提供一个无形的"舞台"。

当孩子演唱歌曲时，父母可以给孩子一个"舞台"，让他体验从出场、演唱、掌声到谢幕的全过程，这会让孩子更有成就感。

Tips 孩子学唱歌的注意事项

1. 报兴趣班之前，要试听一下课，了解老师的教学方法。一般给孩子上课最好用歌曲当练声曲，唱某个歌句，看孩子的掌握情况逐渐提高半个音。最好不用"咪咪咪""吗吗吗"的练声曲，因为练声曲对于孩子来说相对枯燥，且容易破坏孩子的比较感性的自然歌唱状态。

2. 父母要在兴趣、情绪及歌曲的熟练度方面给予帮助。但不要辅导歌唱方法，特别是不要随意指导孩子的呼吸或做应由专业老师该做的辅导。

3. 孩子唱歌时，如果有明显的不良姿势，要巧妙地提醒孩子改正。唱歌时做到不鼓肚，不弯腰，眼平视，不前屈脖子伸头，不过于仰头。

4. 注意提醒孩子平时不要大声喊叫，感冒时避免练习唱歌。孩子练歌或活动得嗓子发热时不要马上吃冷饮。

5. 孩子进入变声期前半年，不要让孩子学习唱歌，否则会对孩子的声带发育造成负面影响。孩子学习唱歌时不要追求音量和高音，也不能长时间地大声讲话或大喊大叫，注意保持充足的睡眠。若发现孩子的嗓音出现问题，需及时给孩子做喉部检查。变声期最早由 10 岁或 11 岁开始，最晚 17 岁，女孩比男孩早。完成变声较快的需要 3 ~ 6 个月，有的孩子变声期持续较长，需要几年。

邻家妈妈好经验

女儿小玲因为先天呼吸及发声系统发育不完善，从出生到 6 岁声音一直是嘶哑的。会说话后，因为声带系统的发育及协调配合的问题，她说稍微长一点的句子，还没说完，气息就不够了。当时我很担心，因为说话的声音对女孩子的形象影响很大。经多方走访我找到了一位专业的声乐老师，老师听了女儿的声音，找到了女儿的问题。

老师针对女儿设计了矫正方案，嘱咐了我课下在家配合的注意事项，并特别提醒要关注和鼓励孩子为了正确发声所做的任何一点努力。经过和老师的密切配合，几次课下来，女儿的声音有了明显的改观，发声时"漏气现象"减少了。经过一年的努力，女儿能一口气说完一个长句子，并能完整地唱一首歌，声音也几乎接近正常的孩子。具体发声方面的训练都请老师来做，我负责配合老师帮孩子把歌练熟，提醒孩子唱歌时脑子里要有相应的情景画面，眼神传达出真正"看到画面"的神采。同时，我也注意提醒女儿发现和感悟身边的事物，积累情感体验，这样对于歌曲丰富的内涵，孩子才能更好地联想和理解。

如今，女儿主动报名参加了学校的合唱队，自信乐观了很多。

执笔：

景凌羽

中国音乐学院毕业。中国音乐家协会会员，现任中央民族乐团国家二级演员。长期从事声乐及少儿视唱练耳的教学工作。

选修课12 视唱练耳

"视唱练耳"是学习音乐最重要的基础课程之一。无论是学习声乐还是器乐，视唱练耳都是必须学的。

试唱练耳大体分成试唱和练耳两大部分。"试唱"通俗地说，是拿到一份五线谱就能唱出来的技能，也称为读谱技能。要学会认识五线谱，认识各种谱表，认识五线谱不同位置的音高，分清各种不同形状的音符代表的音的长短、音乐的拍子及音的强弱，学会唱准各种升降记号，了解并唱准各种调，唱出音乐的连贯性以及各种音乐表情记号。

练耳是听谱和记谱能力的训练。一般在钢琴上弹出一段音乐给学生听，一是训练学生的节奏听觉，听记单音的长短，写出节奏型和拍子；二是训练旋律听觉，听记单旋律的曲子并记谱；三是训练和声听觉听辨弹响的音程、和弦及音组，把它记录下来等等。实际上试唱练耳是学习音乐的非常实用的技能，同时也涵盖基本的乐理知识。

模特宝宝：郑格格

听力训练还包括对音色的听辨能力的训练。各种乐器都有不同的音色，同一乐器的各个音区也有不同的音色。乐队演奏的乐曲还有各种乐器的混合音色，最好是通过训练让孩子能分辨出来。目前，在音乐学院也有此项内容的学习，但主要还是介绍性的，听力训练主要还是练听音高。

试唱练耳的学习训练是一个逐渐积累的过程，不能追求立竿见影。

视唱练耳学习早知道

学习视唱练耳的益处

学习视唱练耳，孩子能够了解音乐基础知识，对音的强弱、音的长短、高低、音色、曲调的分辨和判断能力会有所提高，音乐记忆能力和听觉的灵敏度会得到加强，这些都将为日后学习器乐、声乐等打下良好的基础。通过练习，加强孩子捕捉感受抽象、无形的音乐的能力，拉近与音乐的距离，更好地欣赏音乐。孩子从最初面对五线谱上的一群小蝌蚪茫然无措，到逐渐掌握一个个细小的音乐概念，再到能轻松、准确地演唱、听辨出来，孩子将从中体会学习新知识带来的乐趣和满足感。

要做到视唱成功和听辨正确，孩子上课时需要注意力高度集中，这样才能在瞬间准确、快速做出判断反应。这种学习体验，有利于培养孩子高度专注的能力，对日后的学习和生活都会产生积极的作用。

我的孩子适合学视唱练耳吗？

孩子没有听觉障碍就可以学习。如果你的初衷是希望孩子喜欢音乐，那么所谓的"孩子从小没有受过任何音乐熏陶""五音不全""家里没人懂音乐"等都不会对学习视唱练耳构成障碍。

几岁开始学合适？

孩子4岁前，如果家里有乐器的话，作为一种熏陶，可以让他试着听单音的音高，和孩子玩辨音游戏，但原则是以激发孩子的兴趣为主。

4岁左右孩子的理解力和自控能力都还很难适应45～50分钟的课程，所以视唱练耳课5岁以后开始学习比较合适。对于不追求专业的孩子，不必过分强调分辨绝对音高的问题。分辨绝对音高是

指不用借助任何参考音高就能分辨出所听到的音高的能力，一般认为7岁之前通过科学的练习容易形成这种能力。

每次宜练习多长时间？

对于学龄前儿童，视唱练耳的内容相对抽象，每次练习15～30分钟左右就可以了。好的老师有一些激发孩子兴趣的好方法。

学习视唱练耳需做的准备

很多学龄前的孩子学习视唱练耳都是为日后学习钢琴、小提琴和童声合唱等打基础。因此，如果家里已经购置了钢琴、电子琴，孩子在家配合练习就比较方便。如家里没有乐器，父母可以帮助孩子录一些上课的内容，回到家里引导孩子适当地练习。

支付合理课费

普通的视唱练耳课，每班10～20人，每节课45～50分钟，收费25～60元／课时。

有幼儿教学经验的水平较好的专业教师组织的6～10人的小班，每节课45～60分钟，则每次收费超过100～160元／课时。

爱上视唱练耳好方法

1. 多玩游戏，轻松巩固。

对于学龄前的孩子，理解视唱练耳需要的一些基本概念，如五线谱的"线"和"间"、"音的高低""调"等概念，有相对的难度。为了激发孩子的兴趣，父母可以多用游戏的方法帮助孩子轻松地学习巩固。

2. 巧辨音符。

比如可以在家里地板上用透明胶布将线绳两端固定在地板上，平行共5条线，

将它当作一幢"五线谱大厦"。之后用纸剪出音符，让它们按顺序把"间"和"线"都住满，用大厦作比喻，孩子能比较直观地理解音阶从低到高的概念。在五线之间留出足够的宽度，还可以用"跳房子"游戏，让孩子辨认音符。

孩子对五线四间上的音符都熟悉了之后，下加一线一间、二线二间或上加一线二线的概念也可以通过比喻告诉孩子：音符把"五线谱大厦"的线和间都住满了，需要启用地下室和加盖楼房顶层。为了记忆音符，除了跳房子游戏，还可以将家里的毛绒玩具分别命名为do、re、mi、fa、so、la、xi、do，让孩子帮它们爬楼找到该住的房间。

3. 配合课程调动兴趣。

为了保持孩子的兴趣，等学完了音阶之后，可以配合课程，启发孩子用动作、表情把所学的音乐知识直观地表演出来。家里有钢琴或其他乐器，可以用乐器弹出不同音阶；如果没有乐器，可以用录音机录下一小段从低音到高音，放给孩子听，让孩子随着表演。比如为了让孩子形象地理解do、re、mi、fa、so、la、xi、do，从低到高，可以连续唱出或用钢琴弹出这8个音，让孩子表演一颗即将发芽的小种子，随着第一个音符的出现破土、长高。此后，还可以不断变换音乐的速度和各个音的长短，让孩子随音乐做出反应。类似的游戏可以有很多，在孩子抵触练习时，可以陪孩子多玩一会，调动他的兴趣。

4. 与教师多沟通。

当孩子学到听记音程和弦时，父母每天抽10～15分钟的时间，让孩子练习，可取得较好的效果。在学习视唱时，理解拍子的概念是非常关键的，理解不到位会影响日后的学习进程。所以，父母可以根据课程进度，与教师多交流沟通，关注孩

子对关键内容的理解。

在家引导练习的妙招

视唱练耳课的一些核心练习，对于学龄前孩子来说，比较枯燥、不容易理解，所以坚持起来难度不小。如果通过游戏让抽象的音乐有了表情、有了形象并可以被感受得到，那孩子的兴趣就来了。父母要注意不能急于求成，多用些鼓励的巧招，根据孩子的学习状态，及时调整和改变自己的角色：关键时刻的引路人、积极的参与者、忠实的听众、谦虚的"学生"、默默的陪伴者和真心的欣赏者，只有这样做才能让孩子保持兴趣，快乐地坚持下去。

邻家妈妈好经验

我很喜欢小提琴的音色，所以很希望女儿能学习小提琴。女儿乐乐4岁时，我先让她跟随一位中央民族乐团的专业老师学习视唱练耳，打基础。陪着上了几次课，我发现老师在钢琴上弹的任何一个音，女儿都听不出来，也无法用"啊"模唱高度。但幸运的是老师很有耐心，一直都是用启发和鼓励的态度，尽管女儿上课不断出错，但却仍然喜欢视唱练耳课。

不久之后，一个偶然的机会，我遇到了一位比较适合的小提琴老师，小提琴老师说可以边学小提琴边教视唱练耳。于是我和女儿商量换课的事，没想到女儿竟因为不愿意换课伤心地哭了。从此，女儿即使生病也不缺课。老师也越发热情地鼓励她，并精心设计课程锻炼她的发声系统肌肉的控制能力。

我也不断地调整心态，尽量不给女儿过多的压力，并向老师讨教一些轻松、愉快、有助于锻炼音乐能力的小游戏，在家里配合着练习。女儿学习的心态放松下来了，上课的状态明显好了起来。

经过9个月的练习，她不仅能听准音、唱准音，而且在老师和我的鼓励下，以优异的成绩考取了她一直憧憬的银河少年合唱团，并在同年9月经过严格的选拔脱颖而出，在谷建芬作品音乐会的演出和唱片录制中担任独唱和领唱。这都促使女儿更深地迷醉于歌唱的快乐中，性格也越来越自信和开朗，在银河少年合唱团收获了一系列的硕果。

作为妈妈，陪伴她一路走来，我体会到了精心呵护孩子兴趣的重要性，也看到了音乐带给女儿的积极影响。老师教授音乐课的好方法，也不断地被我迁移到孩子的日常学习中。女儿没有因为参加演出而耽误课业学习，现在她已经成为一所全国知名的重点高中的学生了，在繁重的课业学习之余，音乐一直是陪伴她心灵的朋友。

执笔：
景凌羽

参考信息

关于考级

目前，各种儿童视唱练耳的培训班水平参差不齐，很多是针对中央音乐学院的"音乐基础考级"而设。师资和课程设置比较正规的兴趣班能基本完成应学的内容。参加中央音乐学院器乐考级的学生，需要视唱练耳的相关证书。

从零起步开始学到考1级，一般需要一年左右。中央音乐学院视唱练耳的考级每年2次。

二、 孩子的美术才艺培养

必修课2 只要他想画、他在画！

> 艺术源自人们对美的追求，源自对生活的体验。
>
> 20世纪90年代，中国儿童绘画作品巡展让欧洲人惊叹。他们急于搞清这是中国儿童的天赋、中国的教育还是中国的文化使然。

中英儿童绘画的跨文化研究揭示，孩子们绘画水平的差异，不在于他们是英国孩子还是中国孩子，而在于他们是否接受了额外的绘画训练。那些在周末去上绘画班的孩子，绘画的水平显著地高于其他孩子。

显然，孩子绘画能力的提高至少得益于两点：一是他能够有更多的时间投入，二是他的技能在体验中得到提高。当然，孩子是否坚持去上绘画班，恐怕很大程度上取决于孩子的兴趣。只有有兴趣的孩子，才能坚持下来。

当孩子投入绘画中时，他会对自己的作品形成自己的评价。这种评价受周围成人的影响，更受他内心愿望的影响。因为有的孩子在画所知，有的孩子在画所见。他的手是否能够表达他的愿望，是孩子评价自己的画的最重要依据。很多孩子正是在自己不停的尝试之中，找到了更好的表达方法。如果细心的你能够注意到孩子的发现，那么你的赞美，便能夯实他自信的基石。

当孩子投入绘画中时，他的审美能力有时会超过他自己的手的表达能力。心有余而力不足，往往是给孩子的兴趣造成重创的原因。在艺术的大门内外，许多孩子被色彩的斑斓所诱惑，匆匆闯入；也有不少孩子被自己的技能所挫败，草率退出。"我不会""我画得不像"让不少孩子放弃。因此绘画班中，那些能帮助孩子表达的技能指导，会让孩子对自己的能力更自信，表达更灵活、丰富。

我的女儿也上过绘画班，但我从没有强迫她去完成她不喜欢的作业。我的女儿也曾经因为画不好而发脾气，但丰富的艺术形式会帮她绕过当前的障碍，继续自己的路。只要她还想画，我就很欣慰；只要她还在画，她就会有进步。

上不上绘画班，标准其实很简单：孩子喜欢。

（徐凡）

空间智能小测试

请父母根据以下表格中的项目，评价孩子的空间智能。方法是：评价孩子的表现符合下表中每一种描述的程度。其中：

1＝完全不符合，2＝基本不符合，3＝有些符合，4＝基本符合，5＝完全符合。

完成所有单项的评价后，把各项得分加起来，就得到了孩子在空间智能上的得分。

智能类别	观察项目	评 价				
空间智能	1. 喜欢拼图、走迷宫等视觉活动	1	2	3	4	5
	2. 能运用线条、色彩、形状表达情感	1	2	3	4	5
	3. 喜欢看电影、幻灯片等视觉上的表演	1	2	3	4	5
	4. 阅读时更喜欢从图画中获得信息	1	2	3	4	5
	5. 喜欢在书本、纸张或其他东西上涂画	1	2	3	4	5
	6. 用线条和形状制作平面或立体作品	1	2	3	4	5
	7. 灵活而有创造性地运用颜料、黏土、粉笔、纸张等	1	2	3	4	5
	8. 到了新地方认路比较快	1	2	3	4	5
	9. 阅读图表、地图比文字容易	1	2	3	4	5
	10. 喜欢玩积木或有趣的立体模型	1	2	3	4	5
合　　计						

热点问答

Q1：兴趣不在绘画上怎么引导？

我女儿快2岁了，对画画没有多大兴趣，最多偶尔拿写字板乱涂一气，对唱歌跳舞倒是很喜欢。是她还没到对画画感兴趣的时候呢，还是她的兴趣不在这儿？是否需要培养宝宝对绘画的兴趣？

A：快2岁的孩子还没有对绘画感兴趣，这是正常的。但也可能是由于她没有接触到相关的材料，因此无法感受到绘画带来的乐趣。你可以给她提供一些绘画材料，如简单的笔和纸，然后你要做的就是等待，看看她的反应。孩子刚开始画的时候，更多的是需要鼓励，特别是鼓励她的探索行为，挖掘更多的可能性。要让孩子充满信心地开始，并且自发地持续下去。

Q2：怎样给孩子布置一个适合于创造的环境？

A：环境的布置将在很大程度上影响孩子的创造能力。比较好的学校或幼儿园，通常都把教室分成几个不同的区域：桌面玩具区、艺术创作区、自然科学区、图书区等等。不同区域相对分隔，便于儿童选择。

父母给孩子创造家庭环境时，要注意以下几点：

1. 材料摆在较矮的架上，使孩子容易看见和容易拿到；

2. 让孩子学会分类和管理；

3. 材料品种和质感具有多样性，可以让孩子学习分类和搭配；

4. 让孩子参与布置和做决定；

5. 留出一些白墙的位置，让孩子可以把画好的画装好框挂起来，让孩子觉得自己的作品受到重视；

6. 每一次美术活动后，让孩子独立收拾自己用过的物品，使孩子为自己能够独立处理和收拾而感到自豪。

Q3：把颜色涂在外面要不要管？

我女儿 25 个月。从 2 周岁起，我开始教她画圆圈、直线。我也常给她画好轮廓让她涂色，但她总是把颜色涂到线的外面。让她自己随便画时，她就在纸上乱涂乱画，根本不按照我教的去画，但可以看出她对画画很感兴趣。请问我该怎么教她？

A：不知你是不是在给孩子作示范，如果是，建议不要给她作示范，让她自由作画。即使她把颜色涂到边界外，也不需要纠正，应该鼓励她更自由地使用颜色，自由地表达她想要表达的东西。你的工作就是和她交流，了解她的想法，鼓励她更多地去探索。

Q4：画得不像怎么办？

我儿子 3 岁 9 个月。他每次都是画好之后才指指点点地告诉我画的是什么，好像没有构思，就是他自己看着像什么才说什么。我觉得有时像，有时不像，有时甚至就一笔连下来画的一团杂乱的线条。我让他照着画他的三轮童车，他说不会画。请问这么大的孩子怎么教他画画？

A：对自己画的东西进行即兴命题，是这个年龄孩子的一种很正常的思维方式，

是很值得鼓励的。不要给他三轮童车作为范本让他画，而是鼓励他画自己最想画的内容。至于画出来的形象，希望你不要以自己的判断来影响他，而要多听听他的想法。这个年龄的孩子更需要你去发现他感兴趣的东西是什么，他擅长的是什么，他敏感的是什么，而不要给他灌输太多成人的东西。

Q5：胡乱画几笔就翻页怎么办？

我女儿 4 岁。她很喜欢画画，可却没有章法，经常只在一页上简单画几笔就翻到下一页了，结果一个本子就这样浪费啦！也曾制止过这种行为，让她认真画好以后再画下一个，可我又担心说得太多会影响她绘画的情绪。怎么办好呢？

A：只画简单的几笔就翻到下一页，这是 4 岁孩子常有的情况。其实她还没有对画的内容真正感兴趣，而是对笔在不同纸上留下来的不同痕迹感兴趣。这是孩子探索的初期阶段，不要去制止她。

Q6：总在重复相同的内容怎么办？

我儿子 5 岁。不管给他多大张的纸，他都是从最下边开始画。而且很长一段时间，他总是重复画相同的内容。我给他准备了各种颜色的笔，但他总是用那么几种颜色。请问怎样才能让他打开思路？

A：从最下边开始画不是什么问题，但是很长时间重复相同的内容倒要引起注意。很可能是他曾经接受过一些模式化的训练，所以思维受到了束缚，不敢去表现那些没有教过的内容。你首先要让他找回自信，敢于去表现他想要表现的任何内容。在这个过程中，你需要经

常鼓励他发现自己最感兴趣的是什么，甚至是那些他能做而别的孩子做不了的事情，从而肯定他的个性和独特性，这是建立信心的一种很重要的方式。

Q7：只画感兴趣的内容而且不肯上色如何引导？

我女儿很长一段时间只爱画哪吒，也不照着书画，自己想象着画各种各样的哪吒。一会儿就画好多个，也不上色。我让她画点儿别的，或者画好后涂上颜色，她不听，还是按自己的想法画。请问我该如何引导她？

A：每个人都会有对某项内容特别感兴趣的时期。孩子只爱画哪吒，那你就应该让她画个够。她没有照着书画，却能画出各种各样的哪吒，这是非常值得鼓励的事情。她画的哪吒可以是用线条的方式表现，也可以用色彩的方式表现，你要尊重她的选择。

Q8：要不要报个绘画班？

我女儿5岁。幼儿园老师说她画画很好，让我们给她报个班，可孩子说不喜欢，就没报。前几天电视里播动画片《海绵宝宝》，她很爱看，并且把其中的主要人物都画出来了，形态和神态居然都很像。这让我很吃惊，但我不知该怎么引导她。

A：你首先要了解幼儿园绘画班的教学方式是怎样的，孩子不喜欢的原因是什么。孩子可能更喜欢自由地画，而绘画班是指定某些内容让孩子画。很多孩子不想上绘画班的原因就在于此，并不是孩子本身不喜欢画。

（以上热点问答指导专家　林菁菁）

选修课3

选修课13　儿童绘画

　　儿童画是儿童的自我表现，是儿童的精神创造，是跳跃的生命符号，其真谛在于儿童的自主表现。

　　儿童的伟大创造是通过儿童画的符号来表征的。儿童能够掌握和运用符号，更具有大胆创造符号的能力。对于孩童来说，画画是自由自在的游戏，又是一种运用自己所创作的符号随意表达的自主性活动。透过绘画，他们发现自己对神奇的画面有控制和改变的能力，发现色彩与他的爱好倾向相通，发现他自己"造就"的图形与经验不谋而合，这令他极其兴奋；紧接着，他又发现自己能把头脑中的表象外化于画面上，这种不可思议的现象更令他心灵震撼；他的概念图式，他的天马行空的想象，都可以任他挥笔跃然纸上……

　　他们通过图画表现出来的自我和自我发展的延续，是小小心灵的展示、自我价值的表白和精神的创造。他们所创造的符号，何止是简单的技能操作，它的生成、组织、发展和变化，正是鲜活生命的跳跃。

（李文馥）

儿童绘画学习早知道

学习儿童绘画的益处

1. 能够看到的近期的益处。

孩子会在老师的启发下，专门学习观察的方法，有目的地观察和描绘不同的事物。日积月累，孩子就能越来越完整、细致地观察身边的事物，养成观察的习惯，感觉也会越来越敏感。

孩子能用自己的双手接触到不同的笔、颜色、纸等各种各样的工具和材料，并在绘画与制作练习中熟练掌握这些材料的特点和不同的用法。有助于发展孩子在色彩、图案、纹理等美术方面的良好感觉。

在美术课堂上，孩子会广泛涉及艺术、文学、自然科学、哲学、伦理学以及生活中的各种常识。所以，它真的可以成为一本趣味性极强的百科全书。

2. 更深远的益处。

绘画是可以属于每一个人的。当孩子尽情地把来自内心的感情表达在画面上的时候，是独特而且不能代替的，他可以体会到的美妙将远远异于语言和想象。学习绘画的经历能让孩子更富于想象力和创造力，能帮助他成为一个有创造力的人。

绘画能够帮助孩子们了解自己，了解别人，学会宽容和欣赏人与人的个性差异，

刘瑞林　男孩 5岁

使孩子更能够理解人、尊重人、关心人，懂得如何去和别人合作，能够很好地和别人交流。以后，无论孩子做什么，都能够和别人好好相处和配合，工作生活都愉快、成功。

几岁开始学合适？

每个孩子的发展都是有差异的，最早在八九个月，最晚的两岁左右，孩子能够抓取物品时，就可以开始让孩子进行第一步的涂鸦探索了。实际上，这里所说的画画都属于让孩子开始接触笔和纸，感受一下通过自己手的运动对白纸产生的影响。孩子最初或许只是拿住笔不断地点点和拉线，在这种懵懂的探索中，孩子们不断累积着经验，对小手的控制力也日益加强。真正地跟着老师报班学画一般要在三四岁以后。

学习儿童绘画需做的准备

笔　刚学画的孩子最好用质地比较柔软的蜡笔或油画棒，也可以用木炭条和粉笔，但这些都需要在大人的看护下使用，防止孩子把这些材料放到嘴里。

水彩笔确实色彩更鲜艳，但这并不代表对孩子就更好。水彩笔的缺点之一是它属于硬笔，如果要涂大片的颜色，需要花很长时间，而孩子的思维比较跳跃，花很长时间涂一块颜色，可能会抹杀一些即兴创造的东西；缺点之二是它不能调色，而且使用起来表现性很单一，不利于孩子更多地进行探索和尝试。

有条件的话，可以给孩子使用一些水彩颜色或水粉颜色，用软性的水彩笔或毛笔来作画，这样孩子创作的余地会更大一些。

纸　不同质地的纸都可以使用，单面空白的废打印纸可以让孩子用来进行握

笔阶段的练习；质感极强的素描纸可以很好地配合铅笔、炭笔和蜡笔，水分较多的颜料则需使用水彩纸。作为一种尝试，变化丰富的宣纸也是不错的选择。

总之，父母可以适当地为孩子提供较丰富的材料和工具，让他接触选择并大胆地体验多种工具、材料的性能，并在不断的体验和自主选择中不断累积经验，激发兴趣与创造力。

支付合理课费

集体授课：每次课 50 ～ 60 分钟，20 ～ 100 元／课时。

单独授课：每次课 45 ～ 60 分钟，100 ～ 200 元／课时。

集体授课，孩子能与同年龄的孩子们交流、相互学习。建立稳定的小圈子还能够培养孩子的交际能力。

目前，北京等大城市也有一些理念新颖、对于儿童艺术教育有责任感的艺术家开办的儿童绘画班，课程同时涉及美术教育的多个方面。这种班一般小班授课，老师具有较高的艺术造诣并了解幼儿心理，在教学过程中能照顾到学生的年龄和个性差异，进行细致到位的指导，收费每小时 100 元左右。

爱上儿童绘画好方法

1. 让赞美、鼓励有内容、有倾向。

艺术教育远不止是像教孩子画一张画那样简单和局限。很小就让孩子亲近艺术，重要的是激发孩子的好奇心、观察力和想象力，帮助他成为一个富有创造力的人。当父母遇到一些具体问题，比如送孩子去哪个绘画班、要不要和其他孩子比赛写生、如何鼓励启发孩子等，都可以从这个原点上审视，做出判断。

孩子在学习美术的过程中，适时的赞美和启发式的问题，能够大大激发孩子的灵感，让他把对绘画的探索深入下去。下面这些做法可以帮助你：

鼓励孩子画和他的生活关系密切或他感兴趣的事物。

鼓励孩子在画中把他自己的感受和生活连在一起，表达那些让他感兴趣、感动、着迷甚至困惑他的内容，而不要让孩子画父母感兴趣的主题。

启发孩子讲一讲他的画。

不要问孩子："你画的是什么？"这种问话会让孩子以为画画应该尽量画得像某个具象的东西。请他讲讲他的画，听听他想表达的内容。

鼓励变化。

他画出了一条曲线，有的地方笔触轻些，有的地方重些，看起来很有节奏。把这些指出来，这会让他愿意去探索更多的可能。

孩子表达感受的能力提高了，要大加赞美。

和以前比起来，看看他的画表达感受的能力是不是提高了，是不是找到更合适的颜色、更特别的构图，是否他的绘画表达越来越贴切了。如果是，那就大声赞美他吧。

不同性格的孩子用不一样的鼓励方式。

鼓励不同性格孩子的方式是不一样的。胆怯的孩子，要鼓励他大胆一点去画；拿着笔乱戳的孩子，不要否定他，你要告诉他："这是一种办法，我们再去试另一种。"让他把注意力集中到尝试别的办法上。

2．一步一步慢慢来，尊重孩子绘画探索的脚步。

随着年龄的增长，孩子们的绘画也有了一些变化，他开始分得清想象和现实了，开始画出"像样"的画了，开始要求细节了……与此同时，你的赞美也要"跟上他的步伐"。

孩子的绘画探索一般可分为4个阶段。

第一个阶段：随意涂鸦，没有目的地乱涂乱画，动作笨拙，线条杂乱。这个时候父母最该做的是引导孩子能专注地去用笔探索，对涂鸦保持兴趣。

第二个阶段：从无意识涂鸦发展到有意识涂鸦，用各种线画物体外部的轮廓，任意夸大。这个阶段父母最该注意的是不要要求孩子画得多么完美，但要不断鼓励他尝试新的可能。

第三个阶段：视觉感受能力逐渐提高，绘画也开始有细节，对形象表达容易概念化。父母的任务是帮孩子把思维拓展开来，让孩子发现完善他的画的可能性，比如引导他将色彩、构图方式、协调能力方面做更多的尝试，做到更贴切地表达。大师们的作品集、优秀的美术展能够更好地熏陶孩子们的审美情操并拓宽思路。对于大多数现代派大师的优秀作品，孩子有他独特的领悟能力，有时会让成人惊讶无比。

第四个阶段：对世界的观察逐渐具体化，开始关注物体的结构和细节，比如，画人物的时候会注意到身体的比例。父母在这个阶段应鼓励孩子在注意细节的同时，也注意画面的构图和节奏；鼓励他用不同的媒介表达自己的所见、所闻和所想。

执笔：

小其妈妈

本名林菁菁，知名艺术家，从事绘画和实验影像等艺术创作。创办了小其妈妈儿童美术网站，出版了《和孩子一起享受艺术》等专著。

邻家妈妈好经验

　　有孩子以前，觉得那些儿童简笔画很可爱，很"童稚"，自己因为没有任何绘画基础，还模仿着学了一些简笔画，为了将来给孩子示范，老公还夸我画得挺像样子。可是随着孩子长大，开始摸笔了，自己也慢慢读了些书，才意识到大人眼里的童趣，实际上未必是孩子真正需要的东西。我给孩子画这些简笔画，孩子的确很高兴，但是她从此便搁笔，一定要妈妈画。我才意识到这样做对孩子的想象力和创造力是多么严重的扼杀。我开始鼓励孩子自己随意涂，随意画，再也不给孩子任何引导和限制。不久，女儿又开始即兴创作了，画个竖道道会自己想象是雨，是草，是小蚯蚓。她还基本没有掌握什么技巧，不能按照自己的意愿画个形状，但是她已经有了画画的欲望，有了想象的空间。

模特宝宝：小其

中国美术馆一角

Tips 带孩子去艺术馆的注意事项

1. 美术馆的作品通常是按照 1.6 米高的视角放置，对有的孩子来说，这太高了。在他喜欢的作品前最好能抱起他，让他能够平视画作。

2. 观看画作的时候的距离，最好能是作品长度的 2 ~ 3 倍。

3. 艺术馆应该是个安静的地方。告诉孩子，多用眼睛看，用耳朵听，用心灵去体会，不要大声说话。你也不必在旁边不停地讲解。

4. 对孩子来说，参观完整个博物馆是件困难的事。随时观察孩子的状态，调整你们的计划，必要时及时离开。

5. 带着纸和笔。这样孩子可以随时画下自己的灵感。回家后把他的作品认真保存起来，让它见证你们共同拥有的美好回忆。

参考信息

相关网站 小其妈妈儿童美术网站
http://www.xiaoqimama.com

推荐图书 林菁菁 著《和孩子一起享受艺术》时代文艺出版社

和孩子一起享受艺术

选修课14

书法

选修课14

软笔书法，俗称毛笔字，以文房四宝（笔、墨、纸、砚）为使用工具的汉字书写艺术，因毛笔笔锋柔软而得名。书法艺术是我国传统文化的瑰宝，具有源远流长的历史。

模特宝宝：刘宏裕

书法学习早知道

学习书法的益处

1. 养成良好的写字习惯。

高科技的发展促进了电脑的普及，也带来了弊端。很多孩子依赖于电脑打字，写不好汉字，不是汉字书写笔顺不对，就是字体结构不对。

软笔书法的学习能帮助孩子写好字打下坚实的基础，学习中，能够端正孩子的执笔姿势、坐姿，从而养成良好的写字习惯。

2. 促进孩子的手骨发育。

握硬笔是三指握笔法而毛笔是五指握笔法，在写字的过程中五指齐力（所有的指关节都动起来了），再加上"悬肘立腕"，腕、肘、肩，所有的力量都作用在毛笔上。

3. 提高手脑协调能力。

书法在日本被称为"书道"，目前，日本有些地方通过学习软笔书法来治疗智障儿童，并且有大量成功案例，说明书法对于促进孩子智力开发的作用。

4. 帮助孩子对中国汉字的演变和中国文化精髓有初步的认识。

中国书法宝库中埋藏着丰富的宝藏，例如篆书、隶书、草书、行书、楷书风格各异。孩子能从这些宝贵的历史文化遗产中，感悟中国文化的源远流长，同时能够在书法学习中自然地认识很多汉字。

5. 养成细致、专注、沉着、持久的学习品质。

正如郭沫若先生曾经说过的，"要把字写得合乎规格，比较端正、干净、容易认。养成这样的习惯有好处，能够使人细心，容易集中注意力，善于体贴人。草草了事，粗枝大叶、独断专行是容易误事的。练习写字可以逐渐免除这些毛病。"为什么写字可以使人变得细心，容易集中注意力呢？因为写字是一项十分精细的活动。要想把字写好，必须得全神贯注，凝神静气，仔细观察字的结构，并要脑、眼、手相配合，准确控制运笔的轻重缓急。久而久之就能潜移默化地改变一个人的心理素质，养成沉着、镇静的习惯。而学生一旦养成了良好的学习品质，对其他课程的学习乃至今后的发展都是极有益处的。

6. 通过写字，可以培养学生的审美情趣。

因为汉字是由线条组成的、具有很高审美价值的方块文字。每个写字的人实际上是以结构的疏密、点画的轻重、运笔的疾缓来抒发情感和描写意境的。当然，作为一个初学的孩子，一下子要求他们站在这个层面上去理解、欣赏书法是有难度的。老师可在平时的教学中，先要求学生按正确的笔顺去写，注意笔画间呼应的规律，力求先将字写得正确、规范、整洁。孩子熟练之后，再逐步要求字体的美观。老师可在课堂上通过名帖欣赏和书法技能的指

汉字的演变

导，让学生逐步感受到汉字的形体美，帮助学生建立正确的审美观念，让他们懂得从什么方面来看字体的美，什么样的字是美的，怎样写字才能更美。另外需要强调的是，教师和父母发自内心的对书法美的赞叹和追求，是对孩子最具有感染力的，能最大限度地激发他们追求美、创设美的欲望。

我的孩子适合学书法吗？

书法属于视觉空间艺术，只要孩子视力没有严重问题都可以学习。

几岁开始学合适？

因为孩子能力的限制，一般孩子年龄满 5 岁时即可开始学习书法。由于 5 岁左右的孩子还没有正式学习识字，所以对于他们来说，学习书法的收获主要是让孩子掌握正确的执笔姿势及坐姿，从

小养成良好的写字习惯，同时体会汉字的基本笔画及认识比较简单的独体字。

每次宜练习多长时间？

每次连续地练习 20～30 分钟效果最好，随着孩子年龄的增长再适当地增加练习的时间。

学习书法需做的准备

练习软笔书法主要的工具有：毛笔、墨、纸、砚、毛毡、镇尺。

毛笔的选择 初学者准备两支"大白云"毛笔，选择兼毫（狼毫 羊毫二者兼有）毛笔，因为兼毫经济实惠，笔头软硬适中，可练习的字体范围广泛。

墨 可选择瓶装墨汁（如：北京一得阁墨汁）。

纸 手工毛边纸（练习用纸），因其吸水性好，物美价廉。初学者常用米字格的纸张练习，目的是帮助孩子更好地把字的结构分布准确。

砚 可用家庭吃饭时常用的小瓷碟子代替。

毛毡 写字时垫在纸的下面。

镇尺 写字时用于压纸。

选择老师的标准

各省、市、区的少年宫以及办学时间长、信誉好的培训机构录取教师时都要经过相关的考核培训，懂得教育心理学，有丰富的书法教学经验。

好的老师不但要会写，更要了解孩子的心理特点，能有针对性地教，这一点至关重要。

支付合理课费

集体授课：每次课 45～60 分钟，30～60 元／课时。

单独授课：每次课45～60分钟，100～200元／课时。

父母最该避免的误区

有的父母急于求成，对孩子的学习要求立竿见影。古人云：欲速则不达。从技法而言，以楷书为例，书法可以分为笔法、结构法和章法。笔法：点、横、竖、撇、捺、折、钩、提；结构法：高低、宽窄、错落、穿插等；章法：字距行距、整体的布局等。每一个汉字都是对空间的分割，成人都很难做到孩子就更难了。孩子学书法重在锻炼其心性，从这一点上说写字也是个慢功夫。

在家引导练习的妙招

帮助孩子在生活当中养成多观察的好习惯。

多带孩子看书法展览，去博物馆，带孩子旅游时，多看楹联、牌匾。

另外，还应给孩子创设良好的家庭学书环境，可在家里墙上挂一些古人优秀的书法作品的复制品；保留孩子的不同阶段的作业，挂在墙上或扫描后存入电脑，经常让孩子观摩，让孩子看到自己进步的脚印，这些方法能有效地增强孩子的自信心。

爱上书法好方法

1. 多给孩子讲一些与书法相关的小故事，最能激发孩子的学习兴趣。

目前，书店里有不少类似《文字的奥秘（注音版）》等介绍中国文字发展的儿童图书，以浅显的故事、配以丰富的插图，形象地讲解了中国汉字的演变。另外，书法家的故事更是数不胜数。例如隋唐时代的著名书法家智永和尚，是王羲之的七世孙。据说他曾住在永欣寺楼上，刻苦学习书法30年。他身边备有一个大竹篓，放写秃的笔，整整装满了5篓，后来他将秃笔取来埋在一起，称为"退笔冢"。经他亲手书写的《千字文》有800多本，分别散在江南各寺庙里。"只要功夫深，铁杵磨成针"，智永成为当时著名的书法家，每天来求他写字的人络绎不绝，把他家的门限都踏破了。于是，不得不用铁皮包上，被人称为"铁门限"。古人说："水滴石穿，绳锯木断"，正是智永和尚的写照。

2. 多让孩子参与相关活动。

在课堂上，老师可组织课堂小竞赛，激发孩子的积极性；父母可以配合老师鼓励孩子多参与一些与书法欣赏的相关活动，如带孩子观看书法展览，参加书法比赛等。

3. 留意衣食住行的生活细节中的书法。

随便去哪家老字号饭店吃饭，都会有著名书法家题写的匾额、对联；坐地铁，车站上就陈列着很多书画作品；孩子爱去的动物园、公园随处都能找到名人题写的馆名、牌匾。只要父母有心，随处让孩子认一认是什么字、猜一猜是什么字体，快乐游戏间，就能加深孩子对书法的理解和兴趣。

邻家妈妈好经验

傲傲6岁时，妈妈为了让他改掉精神不集中，坐不住的毛病，给他报了巨人学校的软笔书法班。傲傲刚到书法班上课时，显得比较好动，听讲不是很认真，总是随意说话，做小动作。开始学习软笔书法时，没有章法，经常把墨弄得乱七八糟，他的妈妈一直陪听，不断地劝说，不断地提醒，收效很小。课下，妈妈跟老师针对傲傲的情况进行了交流：傲傲在家里做作业时习惯就不是很好，总是精力不集中，贪玩。经过频繁的沟通，老师和妈妈决定一起配合对傲傲进行了有针对性的指导。课堂上，从握笔的姿势，到临帖练习的整个过程，老师都密切注意傲傲的表现，发现问题，及时提醒，看到进步适时鼓励。课下妈妈也积极配合，到风景名胜游玩，刻意花时间陪孩子看各种碑帖、牌匾，遇到傲傲写过的字，让孩子当老师给自己讲解写这个字的"要领"。碰到老师讲过的相关小故事，傲傲还能比较完整地讲下来，有时惹得旁边参观的游人也停下脚步来听。这些经历不仅丰富了孩子的阅历，还激发了孩子的成就感。经过老师和妈妈半年左右的配合，现在孩子的坐姿和笔姿有了很大的改善，注意力变得集中了，学习书法的兴趣越来越浓了。孩子常积极主动地要求老师"开小灶"，他笔下楷书的间架结构明显写得端正多了。父母通过孩子的进步，切身感悟到书法对涵养人的性情，提高学习效率的益处，支持孩子继续学习的热情也更高了。

Tips 硬笔书法

硬笔书法也是书法艺术中的一朵奇葩，它与软笔书法的区别在于变软笔的粗壮点画为纤细的点画，来表现汉字的书写技巧。同时具有很强的实用性。书写工具包括钢笔、圆珠笔、铅笔、竹笔等。具有携带方便、书写快捷、使用广泛的特点。

软笔书法更具欣赏性，硬笔书法更具实用性。学习硬笔书法不仅要追求较高的艺术水平，还要注重其实用价值。而要体现其实用价值，就必须做到书写上的正确化、规范化、匀称化。

参考信息

关于考级

中国教育部考试中心设置了中国书画等级考试（CCPT），中国美术学院也组织了书法考级，起止级别：1～9级。如果孩子有兴趣和信心，可以鼓励孩子适当参加，以为孩子提供展示才艺的舞台，但千万不要以此为追求的目标。"字如其人"也表示了每个人的字代表着每个人的个性，这种个性是很宝贵的。如果父母从开始就以考级、特长为目标，让孩子学习软笔书法，将容易抹杀孩子的兴趣和个性，得不偿失。

执笔：

桂卫红

北京巨人学校书画部主任，美术教育家。

段庆峰

北京巨人学校书法部教学主任，拥有十余年的书法教学经验，学生在全国和北京市书法比赛中多次获奖，撰写了多部书法教育著作。

推荐图书

（瑞典）林西莉 著 《汉字王国》
生活·读书·新知三联书店

选修课15　　国画

　　国画又叫中国画，是用毛笔蘸上墨或淡彩，在宣纸上画出的画，也有在绢帛上作画的。国画主要靠线条的深浅粗细变化来描绘事物。国画讲究笔法和墨法，注重表现事物的神韵，而不是单纯追求摹写的逼真。

模特宝宝：佳利

国画学习早知道

学习国画的益处

1. 画国画的孩子对事物的观察更细心。

一位小朋友画葡萄，他告诉老师：我以前吃葡萄时从来没有仔细地看过，这次回去我一定要仔细观察。画画促进了孩子观察事物的热情。在过去，植物的绿叶在孩子眼里很普通，根本不会过多注意，可学了国画，他们会去观察它是对生的、轮生的还是互生的，乔木和灌木的差别在哪里等等。这份观察力与耐心的磨炼，让小画家比同龄小朋友显得更沉稳。

2. 画国画能够训练孩子的控制力。

宣纸的吸水性非常强，孩子们刚开始画画时，笔一下去纸上就会出现一个大疙瘩。几次实验下来，孩子就会明白，下笔不能生硬地戳下去，而是要通过腕部来控制。力度不同，画的效果不同。长期训练，孩子下笔就会很有分寸感。

3. 画画是情绪最有效的表达。

很多时候，通过看画就能知道画者的性格。性格开朗活泼的孩子，画的色彩常常是明亮的，就连雪人都是彩色的；内向、敏感一些的孩子，对墨色的运用就显得大胆而随意。画画是表达画者内心世界的一个非常有效的方法。情绪不好时，拿起画笔，浓墨重彩地"涂抹"一番，画作完成了，心情也平静了。比如这幅《暴风雨前夕》，小作者佳利画画的时候正在生气呢！可画成之后，小佳利所有的怒气已经宣泄在纸上，小脸上又有了笑容。

4. 画国画能培养孩子对色彩的敏感性。

在国画中，调颜色是非常关键的。国画的颜色都是调出来。老师会告诉孩子一些常识，如藤黄（即黄色，从矿物里面提取的）+ 花青（即蓝色，从植物叶子里提取的）= 绿。树叶的绿、草地的绿都是这样调出来的。也许有的父母会问：买来的颜料 12 色里面不是就有绿吗？没错，颜料中是有绿色，但因为现成的颜料的色彩是固定的，而画纸上要求的颜色是多变的，不同植物的绿区别是非常大的，只有调出来的颜色才层次细腻、接近自然。这个调色的过程能锻炼孩子对色彩的敏感。

5. 画国画可以提高孩子的全局感。

画画和作曲一样，都是不断地平衡矛盾与和谐的过程，最后达到统一。这样作品出来后才让人觉得有内涵。所谓最后的统一，是说一幅画的构图一定要平衡。所有的国画都遵循秤砣与秤盘的关系。你看，秤盘那么大，秤砣只需要那么小一点，就可以保持平衡了。画面上既能密不透风，又能空可走马。最后产生一种意境。

6. 利于孩子亲近中国传统文化艺术。

国画艺术源远流长，浓缩了中华民族文化的精髓。从国画使用的宣纸、笔墨到绘画方法和追求的意境，包括构成画面的题款、名章等艺术要素都非常独特。孩子学习国画，有更多机会欣赏优秀的国画作品展览。一枝梅花或一幅山水，无不蕴含着作者深厚的文学和艺术修养，通过老师的讲解，孩子还能了解到作品的时代背景和作者追求的独特的思想境界。这些都会潜移默化地浸润孩子的心田，让孩子了解中国传统文化提高艺术修养。

学习国画需做的准备

笔 大白云、中白云、小白云（羊毛质地、便宜实用）

纸 毛边纸和宣纸均可

其他 国画颜料（推荐品牌：马利牌）、墨汁（推荐品牌：一得阁）、调色盘、画毡（羊毛质地）。

画画时垫上画毡，画的颜料全部会被画纸吸收，成画色彩鲜艳；而如果垫的是报纸，60% 的颜料就会被报纸吸收，画出画颜色不够鲜艳。

以上用品在文化用品商店有售。

我的孩子适合学国画吗？

对大多数人来说，对于画国画的印象更多的还是从古装影视作品里得来：宽宽的桌案、大幅的宣纸、颜料及水墨，甚至还得有诗乐在一旁烘托。这份神秘感也许阻止了许多妈妈和孩子走近国画的脚步。其实，国画没有那么神秘，只要智力发展没有特殊障碍的普通孩子都可以学习国画。

几岁开始学合适？

当孩子有能力拿笔了，父母可以随时为孩子提供亲近色彩、自由涂鸦的条件和环境。若要正式跟随老师或报兴趣班学习，需要孩子有一定的理解能力并在一定时间内保持注意力集中，所以一般 4 岁以后比较好。

支付合理课费

集体授课：16 ～ 20 次课，350 ～ 500元／课时。

单独授课：每课时 45 ～ 90 分钟，150 ～ 300 元／课时。

国画入门阶段，需要一些基本技法的入门训练。如果想让孩子学国画，最好寻找专业教师。如果身边暂时没有这样的条件，或者孩子确实年龄还小，父母也可以和孩子在家里涂涂玩玩。

爱上国画好方法

1. 让孩子在游戏中体会多笔涂抹与一笔成形。

硬笔画呈现的效果，需要孩子一笔笔去涂抹。而软笔可大不相同，要求一笔成形。怎么办呢？可以和孩子一起做实验：一笔重重地按下去，轻轻地点一点，或重重地推过去，轻轻地拉过来，孩子会看到在纸上是完全不同的效果。几次下来，孩子就能够明白，什么是中锋、侧锋。

2. 在气球与蝌蚪中寻找"块面与线条"。

学国画，有许多基本功，比如块面与线条，怎么才能让这么小的孩子理解呢？简单！还是实验。先画大块面。一个大大的墨团，再加一个细细的线条，这是什么？气球。

气球一会儿就画熟了，那好，开始画小块面。两个小块面，再加一个小折线，就是小蝌蚪。这样一步步地实验起来，孩子高兴得不得了。哪里还会有什么理解不了的问题。

3. 外形像不像并不重要。

在善于引导的老师那里，除了笔法的要求，孩子怎么画老师都能帮他找到其中的道理。因为国画强调的不是画得像，而是对事物的理解。这样，对于许多所谓的绘画失误，会有不一样的视角和理解。比如小朋友不小心把荷叶的方向画反了。没关系，老师可以鼓励他，残荷的叶子就是这样耷拉着的呀，连老师都画不出这样的效果。

4. 让孩子感受绘画的节奏。

不要让孩子画得过于精细，否则容易成了粗浅的单线填色。 不论孩子的年龄多大，优秀的儿童画首先要洋溢着生命的气息，有他独特的节奏、浓淡和情绪。

> ### 受访专家：
>
> **冰泉**
>
> 中央音乐学院文学学士和艺术教育硕士。著名国画家、男高音歌唱家。师从国画大师李一山、周梅若和著名歌唱家郭淑珍、罗世霖。从事艺术教育二十余年，现为高桥文化艺术中心艺术教育总监。

邻家妈妈好经验

我的女儿4岁开始学习国画，老师很善于启发和鼓励孩子的兴趣，女儿每次上课都兴致很高。遇到老师，我每次都主动了解孩子学习的状态，老师常说：绘画是对生活的二度观察和创造，想让孩子对绘画有兴趣，有长进，单纯靠单一学习绘画技巧是不够的，应让孩子在生活中吸收更多的艺术养分。

我很赞同老师的观点，很想让女儿从真实的生活中体会美，进而产生对美的追求。周末我们常带女儿到大自然中撒欢，感受春夏秋冬交替的自然美景，观察瓜果梨桃的特点，欣赏松竹梅菊的不同。平时精美插图的书籍、好的美术画展览，各种音乐会，只要孩子有兴趣，都找机会让她接触。孩子学画以后，对衣服的色彩和样式搭配更讲究了，有时还会对我的服装搭配提出改进建议。美存在于生活的每一个角落，孩子有一颗爱生活的心和一双发现美的眼睛才是最重要的。对于女儿的画，即便我没看懂，我也会耐心听她讲述，给她鼓励。

现在女儿学画一年多了，画得很有灵气，个性鲜明，题材多样，想象力丰富，常得到老师的称赞。

参考信息

推荐图书

江寒汀 绘 《江寒汀灵禽百态图》
上海人民美术出版社

江寒汀 绘 《江寒汀·牡丹飞雀图》
上海书画出版社

相关网站

高桥文化艺术中心 http://www.artgaoqiao.com

推荐光盘

中国经典水墨动画片
《小蝌蚪找妈妈》

《牧笛》《山水情》

选修课16 手工制作

作为一种极为灵活、自由的创作活动，手工制作让孩子们在玩得不亦乐乎的快乐中，很好地培养创新精神和动手能力。手工制作的内容、材料和主体等都不是固定的，包括撕纸、折纸、剪纸、拼贴、纸雕塑、废物利用小制作等等。无论孩子是在美术兴趣班还是在生活中，用小手制作的反映孩子创意的小作品大都可以归到此类。选材的宽泛可以让孩子们加深对于物体的质感、体积和材质的感知和认识，自由的创作手法能让孩子在实践中学会色彩的和谐搭配，激发他们的想象力和创造力。

启明双语幼儿园手工创意坊的可爱作品

和其他的美术创作一样，手工制作课，应该以激发孩子的兴趣、想象力、创造力为目标设置课程内容。课上为孩子提供更丰富的材料和尝试的机会，课堂上通过启发性的提问引发孩子对事物间关联的思考，鼓励他们在作品间建立联系，适当地引导他们实现自己的想法，而不是单纯地让孩子模仿制作或老师单向地给学生讲解。因此，孩子参加手工制作的兴趣班，上课的内容、拿回的作品往往是五花八门的。

爱上手工制作好方法

1. 在自然中寻找材料和创意。

春夏秋冬，都可以和孩子随手捡些树叶、树枝或石子来玩。可以设定一个主题，比如说用树叶拼娃娃或小动物，也可以根据捡拾的材料的颜色、形状自由创作。创作完成后，鼓励孩子讲一讲他的想法。沿着这个思路，路边、海边、小树林里，都会有很多好材料等着孩子去发现。孩子有了发现的眼睛，日常玩耍或旅行的乐趣会成倍地增长。

2. 在生活中寻找材料。

孩子熟悉的物品，最容易激发创作兴趣。孩子学会用生活中普普通通的材料甚至废弃的瓶瓶罐罐、盒子、木块等东西做手工，他的生活就有了更多的情趣。蔬菜、水果蘸上颜料，能印出美丽的图案；鸡蛋壳上画出眼睛和嘴巴，粘上两只长耳朵就成了一只小兔子。先了解孩子对什么感兴趣，从他熟悉的家庭生活物品中，特别是从他觉得好吃、好玩的东西开始，他的兴趣就会特别高涨。晾干的袜子收进屋，不经意间可以用袜子和夹子摆成一朵花；剥了柚子别立刻顺手把皮扔掉，用胶带把柚子皮固定好，再画上笑眯眯的眼睛和可爱的嘴巴，柚子皮娃娃就做成了，可在桌子上摆放好多天。点心、饼干、香蕉、鸡蛋，

都可以成为手工制作的原材料。妈妈的引导和启发能激发孩子无限的兴趣。

3. 突破平面，让孩子尝试更丰富的艺术体验。

不仅限于平面的东西，还可以有意识地给孩子一些立体的材料，如纸盒、气球或者木块，引导孩子试着从三维的角度去思考问题，而这个三维的世界是我们生活的真实世界，孩子可以尝试的创意就更多了。在孩子自主地用眼睛去看、用手去摸，用整个的五官去体验的创作过程中，他会真正体会到一种发自内心的快乐。

4. 鼓励孩子讲出创作的感受。

不要以做得"像"或"不像"评价孩子的作品，更不应当以成人的眼光和标准要求孩子。孩子的想象都是合理的、有意义的，不管孩子的作品你是否看懂，是否喜欢，都应该鼓励孩子讲解自己的作品，如果你能静下心来耐心倾听，孩子那些天马行空的创意和描述常常会令人惊异。鼓励对于孩子们从事的任何活动都必不可

少。通过父母的肯定，孩子们将获得满足感，进而在不断的快乐实践中真正地喜欢起来。另外，孩子的这种讲述想法的过程，对于他的语言能力和逻辑思考能力更是一种很好的锻炼。

1

2

3

邻家妈妈好经验

爱上艺术，爱上玩

佳佳妈

佳佳的童真世界

女儿佳佳是个鬼灵精怪的小丫头，今年9岁。从她3岁起，我就开始用相机记录她的小小创作。到现在，她的作品世界已经很成规模，我常戏称，都可以开"个展"了。这些创意可不是被我启发后才出来的，而是佳佳最先主动发现、创作后告诉我，我在惊喜感动之余，为她记录下来的。周围的妈妈总问我：女儿有这样一双敏锐的眼睛，你都有什么高招呢？

我把家里一个坏收音机和一个坏鼠标丢给佳佳玩。她把它们拆了个七零八落。她用半个鼠标壳和收音机里的磁棒搭成一条小船。电脑上新装了一个光电鼠标，上面发出的光吸引了佳佳。于是佳佳把发光的新鼠标装进了小船，然后关上屋里的灯——黑暗中，这艘发光的小船产生了奇妙的效果。

中科院心理所专门从事儿童创造力研究的李甦博士从心理学的角度分析概括了佳佳的作品：最为可贵之处是她创造的主动性和积极性。她能非常敏锐地把握事物的形态特征，同时也能迅速将新的形态与头脑中的表象建立联系。佳佳能在创造中体验创造本身带来的兴奋与快乐，而这将成为她继续创造的一种动力。另外，父母给她的鼓励，让她得到的快乐的体验，成为第二重动力。这些，都让佳佳成长为一个非常愿意尝试的孩子。

没有，让我们习惯于创造

很多人都曾问我，佳佳怎么创作了那么多充满灵气的作品的，这其中，我又起了什么作用？其实，最初我并没有想到对她进行艺术启蒙。我和她在一起的时候，就是陪她玩。从她很小的时候，我的心思就都是琢磨着怎么跟她玩，怎么跟她玩得尽兴，玩得有创意。

拿小树枝做围栏，捡些石子堆成小岛，在路边看到工地上有很多架子，回家就自己用树枝搭一个——从她很小的时候，我们就经常一起玩一些这样的游戏。这其中有一个契机。在她4岁的时候，我们搬到日本居住了一段时间。刚去日本，什么东西都没有带过去，她没有玩具，只有自己想法变着招数去玩，慢慢地，她就习惯于拿到任何东西都要玩出花样来。

这个习惯一直保留到现在，我们的家永远不会拒绝她的"折腾"，她想在床上做个帐篷，我二话不说，就帮着她搬东西。

她7岁的时候，对图册上的刺绣很感兴趣，于是我就想让她做。可是去买绣花绷子却怎么都买不到。后来我就找来大胶带的纸圈，把布罩在上边，下边用夹子夹上，这样也能绷起来。她对这个特殊的绷子很感兴趣，绣了不少"作品"。

图1　树叶妈妈（佳佳6岁）
图2　袜子花（佳佳6岁）
图3　牛奶中的娃娃（佳佳6岁）
图4　柚子皮娃娃（佳佳6岁）
图5　夜行船（佳佳7岁）

我是她的"超级粉丝"

这样，我们的共处时光总是充满了惊喜。在佳佳身上，我经常能看到孩子的那种不可思议的创造力，她的想法常常让我感到匪夷所思，既新奇，又有趣。

有一段时间，她非常喜欢画小人。有一天我回家，突然发现她画的小人竟然在桌子上"站"了起来！怎么站起来的呢？我好奇万分。于是她就告诉我，她怎么把小人按轮廓剪下来，又怎么用胶带把小人固定在桌面上，这样一步一步地完成。你看，这就是她的奇怪的想法，而她又自己动手把它实现了。

她拿一个挂衣服的衣架，摆弄摆弄拴上绳子，就说是雪橇；用卫生纸的筒心，拿纸卷成长条，从中间穿过，再把两端扎起来，折成三角形，她就说是吸尘器……

这样的想法总是让我惊叹，打心眼里夸她。于是，她又会更经常地做，然后拿来给我这个"超级粉丝"看。

当然，我也会动手

说是陪孩子玩，通常我也忍不住要亲自参与进来。

那一次，佳佳搭好房子，要请她的小洋娃娃来住。小娃娃们不能光在屋里待着，还要出来吃饭，所以又做了桌子。接下来，我说我们来造些椅子吧。她就造了一个很规则的椅子。我想到以前看到过别人做过一个造型很独特的椅子，就模仿着做了一个。佳佳一看，哦，椅子还可以这样做，就兴高采烈地研究起如何做一把世界上最奇怪的椅子来。

将来……

佳佳应该有一些天赋吧，她如果将来能从事与艺术相关的工作，我当然会很高兴。但是，没准儿她将来会去发明创造，或者像她爸爸一样搞科研。没关系，我知道她的生活肯定会一路充满情趣，这就很好。

选修课17

选修课17　　泥塑 ▍

　　泥塑是一种孩子们非常喜欢的造型艺术形式。泥塑和绘画都是艺术创作。做泥塑也要通过脑传达到手上，再通过手上的力量传达到泥上。这是一个想象和创造的过程，脑子里先有想象，再通过手对泥的操作来完成。泥可塑性强，安全无害，孩子们可以最大限度地自由发挥，在快乐地塑造属于自己的艺术形象的同时，也能在泥塑活动中学习培养多方面的能力。通过泥塑，促使孩子用自己的眼睛观察世界，用自己的方式表达感受，用自己的心灵体验艺术，从而对艺术产生兴趣，才是让孩子泥塑的根本目的。

艺术儿童工作室为孩子们提供了自由创作的空间。

泥塑学习早知道

学习泥塑的益处

泥塑能够培养孩子们的动手能力与创新精神，在孩子们从艺术创造的过程中得到快乐的同时，想象力也得到了激发。它有助于孩子们建立初步的立体思维、空间知觉和独立思考能力，对个人艺术品位的形成有着很大的作用。

此外，泥土具有一定硬度，需要有一定的手指力量，常玩可以充分锻炼孩子的手部肌肉，从而增强手指力量以及灵活性，开发智力，促进儿童的发育。

海底世界 吕霁钰 女孩 2岁

几岁开始学合适？

泥本身的任意性和可塑性非常适合孩子。4 岁以后，孩子逐步脱离绘画涂鸦期时，会开始追求一种型的东西。他们想通过自己的眼睛、耳朵和手等感官来认识事物，这就是个接触泥塑的好时机了。通过观察与实践，孩子会做出多面立体的东西。7 岁前不让孩子接触泥是非常可惜的事情。7 岁后，随着对事物观察能力的提高和手部力量的完善，孩子的泥塑会是另一种状态。

学习泥塑需做的准备

原料 陶土和雕塑用泥都可以在美术用品商店中买到，后者在韧性和可塑性上优于前两者，专业院校学生使用较多。无论是陶土还是雕塑用泥，它的硬度、可塑性都比橡皮泥强。

也有妈妈用自制面团让孩子初尝捏泥的乐趣。面团制法：一小勺盐和几滴甘油可使面团保持湿润，滴几滴蜂蜜令捏出的东西干而不裂、表面自然平整。每次用完，只需将剩余的面团用小塑料袋密封好、放在冰箱里，下次便可继续使用。如果和面时加上不同食色，可以做出彩色面团。

辅助工具 在泥塑过程中有时需要刮花纹、切割、做弧形转弯或加工较精细的部位，孩子们如能用手完成，是最值得鼓励的。家庭中容易找到的毛笔、木棍、勺子、叉子、餐刀等工具也能够完成这些功能。泥塑完成后，如果孩子想自由上色，也值得赞赏。

支付合理课费

泥塑项目的兴趣班比较普遍，普通班每期 12 ~ 16 次课，收费也在 400 ~ 550 元间不等。但在教育观念上和方法上，水平参差不齐，希望尽量选择尊重孩子个性，鼓励孩子创意的美术泥塑班。

目前，北京等大城市也有一些对于儿童艺术教育有责任感、理念新颖的艺术家开办的美术班，将泥塑作为美术教育中的一个环节。这种班一般是小班授课，老师具有较高的艺术造诣并了解幼儿心理，在教学过程中能照顾到学生的年龄和个性差异，进行细致到位的指导，收费每小时 100 元左右。

父母最该避免的误区

1. 在孩子投入地创作时指手画脚。

要鼓励孩子按自己的方式创造美。心理学家李文馥对于儿童美术教育做过深入研究，她提醒父母：给孩子准备面团，可以教给他如何捏出一个饺子，但也要允许孩子自由地捏出太阳和月亮——在儿童艺术体验中，尤其要鼓励孩子按自己的方式创造美。父母需要为他们提供的是物质上的准备和自由宽松的精神氛围。

2. 总用 "像"或"不像"评价孩子的作品。

"像"或"不像"不是标准。 我们不应以捏的"像"或"不像"评价孩子的作品，更不应当以成人的眼光和标准要求孩子。是让孩子通过泥塑这一形式，来进行内心意象的自然表达，所以随意性是正常的，孩子的任何想象都是合理的、有意义的，不要总去强调统一的模式。

3. 恨不得每节课，孩子都有让自己满意的结果。

"今天孩子会了什么"并不是最重要的。孩子的泥塑作品往往很夸张，在成人眼中甚至有些"变形"。很多父母会不自觉地从自己的角度评判，往往给孩子圈定一个功利的目的，这样做往往阻碍了孩子的想象发挥。实际上，塑造的过程才是最重要的。孩子在创作时会有自己的标准，他的作品往往流露出最真实的情感，这才是最为珍贵的。

爱上泥塑好方法

1. 让孩子有机会感受雕塑、理解雕塑。

带孩子去观看各种不同材料的雕塑（石头雕塑、铁雕塑、石膏雕塑、铜塑等）或者雕塑画册，最好让孩子亲手触摸。请孩子注意雕塑和绘画的区别，引导孩子注意雕塑是立体的这个特点。

2. 根据年龄确定主题。

告诉孩子主题，请孩子自由塑造，此时父母尽量不要过多地参与、指导。3岁半～4岁，选择吃、穿、玩具等孩子感兴趣的主题。在这个年龄段不要给孩子特别的要求，保持他的兴趣即可。4岁半～8岁，主题可以相对固定些。比如，家的大主题，可以涉及房子的外部、内部，房子里住的人等内容。特别要强调情感。要不断让孩子在动作的参与中进一步获得体验，动作参与最能激发幼儿情感，以此不断加深儿童对表现对象的内在精神内涵的理解，逐渐把握塑造对象的明显特征和瞬间姿态，从而提高泥塑表现力。

3. 引导孩子丰富体验，突破限制。

对刚刚接触泥塑的孩子，应引导他们通过摔打、揉搓、搓圆、捏扁等逐渐了解泥土的特性，使他们初步体验到造型的乐趣。如发现孩子存在某些方面的限制，可以引导孩子深入观察自己感兴趣的事物，理解人物的表情、动作、神态，感受由于这些因素所采用的各种造型，表现事物内在的精神内涵。孩子们通常更喜欢感知和描绘身边熟悉的事物，这样他们的作品会逐渐丰富起来。

鱼士兵 李宇轩 男孩 5岁

4. 耐心聆听，给予鼓励。

孩子认为自己完成作品后，会兴致盎然地介绍自己的作品，父母一定要耐心聆听并给予鼓励。这不仅会激发孩子对泥塑的积极性，还有助于了解他孩子的内心世界。

5. 对于孩子的作品的点评要慎重把握。

孩子的创作中所表达的信息和他在泥塑过程中的状态，都是和孩子的身心发展相一致的。无论是老师还是父母，点评的原则是鼓励孩子的想象力和创新能力。你做的是什么呀？怎么想的呀？为什么要这么做呀？你做的这个部分代表什么呢？等等。如果孩子的泥塑与别人不一样，父母是应该鼓励的，否则说明孩子没有真正表达出自我的想象。

在家引导练习的妙招

经常性地鼓励孩子用语言、画笔有意识地观察、描述日常生活中的事物，如某种小动物的神态、特征，为泥塑累积"素材"。这对孩子的想象力、表现力和语言表达能力的发展都十分有益。同样是泥塑，孩子的第一次和第五次创作往往有很大差别，孩子自己都能感受到成熟和提高。但是，如果多次总是停留在同样的水平，你就可以启发他：我们怎么做还可以更好？

亲近艺术，从父母开始

"让孩子用自己的眼睛观察世界，用自己的方式表达感受，用自己的心灵体验艺术，从而对艺术产生兴趣，我觉得这才是艺术启蒙的根本所在。"

其实，对孩子进行艺术启蒙的过程也是对父母进行艺术教育的过程。我认为，让孩子亲近艺术，其实更多的是为了让孩子得到心灵的滋养。如果父母送孩子学艺术的目的，只是想让孩子能画出几张漂亮的画，那么这个目的很轻易就能达到。因为那只需要把自己会的教给孩子就行了，不需要太多深入。但是那些可能并不是孩子自己的。

我看到有的父母乐于鼓励孩子画一些不符合自己年龄的所谓的"漂亮"的画，

邻家妈妈好经验

我觉得这可能比孩子不会画画还要令人忧虑，因为这可能会破坏孩子对艺术的终身享受。让孩子用自己的眼睛观察世界，用自己的方式表达感受，用自己的心灵体验艺术，从而对艺术产生兴趣，我觉得这才是艺术启蒙的根本所在。

艺术教育也是没有模式的，艺术更是不能学习的。艺术是探索，是创造，是心灵和精神的体验，它应该完全是鲜活的、灵动的、有生命力的，带着原始的激情和生命的张力。

父母应与儿童共同探索不同的表达形式，通过艺术教育引导孩子追求真善美和精神力量。技法是可以学习的，而来自心灵的艺术表达永远是没有止境的。

（墩墩妈妈阿朱）

执笔：
胡晓珮

儿童美术理论家，中国美协少儿美术艺委会委员，联合国儿童基金会特聘艺术教育专家，艺术儿童工作室创办人。

参考信息

相关网站 艺术儿童工作室 http://www.artchildren.org
父母必读育儿网 http://www.fumubidu.com.cn

三、 孩子的运动才艺培养

必修课3　儿童运动的3大金律

"要让孩子上课外体育兴趣班吗？""该给孩子选择什么样的课外体育兴趣班？"这是许多父母心中的困惑。比起这些困惑，我们更该先问这样一个问题："孩子的运动是为了什么？""因为这关系到我们给孩子的运动是不是健康。"黄世勋老先生头发花白，但精神矍铄，谈论起幼儿的体育，他总是充满激情。

孩子的运动：健康发展是目的，而不是代价

"我们争论过：孩子的体育运动，是为了发展动作，发展体能，还是为了发展综合素质。那种单纯为了发展动作的儿童体育，我不赞成。"黄老先生说话直截了当。

"如果只是为了让孩子学会动作，那么你可能会舍弃其他目标，甚至舍弃孩子的健康发展，用严格的、高强度的训练来让孩子掌握规范的动作。但是，如果你的目标是为了让孩子的综合素质得到发展，那么你就不会片面追求动作，而会把孩子身体和精神的健康发展放在首位，你安排的练习内容、强度等等就会与以动作发展为目标的训练有很大的差别。"

黄老先生认为，孩子的身心都在快速地发展，对孩子的任何教育，都要以孩子的健康发展为目的，而决不能以孩子的健康发展为代价。

"有利于孩子健康发展的运动，是综合性的、均衡的、适合孩子特点的。它应该是全身性的，包含走、跑、跳、爬、拍等等基本的动作，有利于孩子的基本动作能力的发展；而且还要有趣味性，以游戏为主，有利于孩子健康情绪和心理的发展，并渗透着品德、智力、美感、个性等方面的发展目标。"

课外体育兴趣班：需要儿童化

黄老先生很强调儿童体育运动的科学性。他对时下各种各样的儿童课外体育兴趣班抱着深深的忧虑："过早和不适当的运动训练对孩子的身心发展不利。建议父母们不要过早地把孩子送进以培养体育苗子为目的的运动训练班。"

至于其他的体育兴趣班，黄老先生认为，在练习的强度不超过孩子的合理生理负荷的情况下，是可以参加的，但是要注意两点：

首先，选择适合孩子特点的项目。那些双侧性的、均衡的、技术规范性不高的运动，比如形体、游泳、轮滑，都适合孩子练习。而那些单侧性的运动，像网球、乒乓球等等，就不宜提倡，孩子最好到小学以后再开始学，而且这时也要注意全面锻炼，防止单侧发展。

其次，选择活动内容儿童化、幼儿化的体育兴趣班。也就是说，要看这些体育兴趣班上，让孩子学什么、练什么、怎么练，是不是充分考虑到孩子的特点，是不是适合于孩子身心的发展。

> "孩子身体发展的特点是：能力弱、发展快、易损伤、可塑性大。因为有这些特点，所以成人那一套东西不能照搬到孩子身上。我觉得，现在儿童体育兴趣班的教学内容要创新，要搞一套适合于幼儿的内容。我主张，还是要以游戏为主。"

户外体育活动：需要给孩子"增负"

与红红火火的体育兴趣班相比，孩子日常的户外体育活动却很不景气。有媒体报道，和以前的孩子们比，现在的孩子身高、肩宽、体重都有提高，可是肺活量、一些运动能力、动手能力却有下降；同时还出现神经过敏、情绪不稳、坐不住等心理和行为的问题。许多研究人员认为，这大都是活动不够、肌力衰弱造成的。孩子的活动量离他们对活动的天然需要有很大差距，造成身体发育不协调，为许多功能性障碍提供了土壤。

黄老先生说，一定的锻炼强度，是孩子健康发展的需要。现在，幼儿园给孩子们安排的户外体育活动，时间能够保证，但是强度很不够，动作质量也比较差。

"我们1983到1986年进行了一项追踪调查，在1000多个孩子中，肥胖儿只有两个；现在，肥胖儿的比例已经超过10%了。"

幼儿园没有安排足够强度的运动，有一个重要的原因，就是来自父母的压力。

"现在有些家长，孩子冬天要保暖，夏天要防晒，碰破了皮就要整容、找幼儿园赔偿，老师就得扣奖金。所以幼儿园的运动强度不敢上，而且凡是有危险的项目也不敢上。小学里也一样，老师不敢让孩子上跳箱、双杠这些有一定危险的项目。"

黄老先生希望呼吁父母们建立正确的养护观。孩子身心的健康成长，需要我们给他们的运动"增负"。

养育一个健康、活泼的孩子，是我们大家的心愿。而这样的孩子，是需要健康运动的滋养的。

让我们一起来创造这样的机会和环境吧！

受访专家：

黄世勋

从事儿童体育研究20多年的儿童体育专家，国内第一本国家教委审定的幼儿体育教学法教科书的编写者，主持拍摄了国内最早的幼儿动作发展影像资料。

一直呼吁师范院校设立幼儿体育教育专业，主张以儿童身心素质的全面发展为儿童体育运动的目的，致力于建立我国的幼儿体育教学的科学理论体系和内容结构。

肢体运动智能小测试

请父母根据以下表格中的项目，评价孩子的肢体运动智能。方法是：评价孩子的表现符合下表中每一种描述的程度。其中：

1=完全不符合，2=基本不符合，3=有些符合，4=基本符合，5=完全符合。

完成所有单项的评价后，把各项得分加起来，就得到孩子在肢体运动智能上的得分。

智能类别	观察项目	评 价				
肢体运动智能	1. 喜欢玩黏土或其他触摸的活动	1	2	3	4	5
	2. 记得最清楚的是做过的事物，而不是说过或看过的事物	1	2	3	4	5
	3. 喜欢具体的学习经验，如参观扮演角色、拆解游戏、装配物件、身体运动等	1	2	3	4	5
	4. 运动灵活、敏捷，喜欢跑、跳、摔跤等	1	2	3	4	5
	5. 在演出、运动、缝纫、雕刻、键盘输出等工作中表现突出	1	2	3	4	5
	6. 在身体动作中显露出平衡感、优雅、灵活和精确	1	2	3	4	5
	7. 喜欢用动作来表达思想情感，说话时肢体动作多	1	2	3	4	5
	8. 喜欢工艺美术活动，以及协调身心和展现精细动作的活动	1	2	3	4	5
	9. 喜欢自编舞蹈、运动或其他身体动作	1	2	3	4	5
	10. 长时间坐着会扭动、敲打、烦躁不安	1	2	3	4	5
	合　　计					

热点问答

Q1：哪些运动不适合学龄前儿童？

A：儿童不适于进行拔河比赛，是由于儿童的心脏发育尚不完善，当肢体负荷量增加时，主要依靠提高心率来增加供血量，因此心脏容易疲劳，对心脏机能极为不利。一项对250名参加拔河比赛的儿童的心脏功能检查发现，赛后1小时有30%的儿童心率未能恢复正常。另外，拔河还容易造成手臂软组织损伤。

儿童不宜进行的运动还有：

掰手腕比劲　儿童四肢各关节的关节囊比较松弛，坚固性较差，掰手腕容易发生扭伤。

"兔跳"　在做"兔跳"时，人体所承受的重量相当于自身体重的3倍，膝盖所承受的冲击力相当于自身体重的三分之一。在这种情况下，骨化过程尚未完成的儿童，很容易造成膝关节损伤。

过早参加长跑　能量消耗很大的长跑运动会使儿童营养入不敷出，骨细胞生长速度减慢，妨碍正常的生长发育。

倒立　如果经常倒立，或每次倒立时间过长，会损伤眼睛对眼压的调节功能。

另外，儿童体育专家黄世勋先生还给父母提示了一个比较好把握的衡量标准。首先他强调了孩子的身体发展的特点是：能力弱，发展快，易损伤，可塑性大。所以那些双侧性的、均衡的、技术规范性不高的适合孩子特点的运动，比如形体、游泳、轮滑比较适合孩子练习，而那些单侧性的运动，像网球、乒乓球等，就最好到小学以后再开始学，而且这时也要注意全面锻炼，防止单侧发展。另外，选择体育兴趣班时，要了解让孩子学什么、练什么、怎么练，是不是充分考虑了孩子的特点，是不是安排了儿童化、幼儿化的活动内容。

Q2：怎样知道孩子的运动量是否合适？

A：孩子运动的时候，要动静结合。运动的时间大约占总时间的30%～60%比较合适。比如，孩子在户外活动1小时，那么他真正用在做运动上的时间应该是20～35分钟。

通过对孩子的观察，我们可以大概地了解到孩子有多累、这样的运动量对孩子是否合适。爸爸妈妈需要注意，不要让孩子达到非常疲劳的程度。下表提示了一些观察判断的方法，供父母参考。

	轻度疲劳	中度疲劳	非常疲劳
脸色	稍红	比较红	很红或苍白
汗量	不多	较多	大量
呼吸	中速较快	显著加快加深	急促、浅表、节律紊乱
动作	协调、准确，步态轻稳	协调性、准确性和速度均降低	动作失调，步态不稳，用力时颤抖
注意力和反应	注意力集中，反应正常	能集中注意力，但不够稳定，反应能力减弱	注意力分散，反应迟钝
精神	愉快，精神好	略有倦意，情绪一般	疲乏，精神恍惚，心悸，厌倦练习
食欲	饮食良好，食欲增加	食欲一般，有时略降低	食欲降低，甚至有恶心呕吐现象
睡眠	入睡较快，睡眠良好	入睡较慢或一般，睡眠质量一般	很难入睡，睡眠不安

（黄世勋）

Q3：哪些体育运动有助于促进孩子长高？

A：运动虽然不能增加遗传所确定的身高，但是可以促进遗传潜力得到最大限度的发挥。根据医学专家调查研究，同年龄和同性别的少年儿童，经常参加体育锻炼的比不爱运动的平均身高相差4～8厘米，甚至更多。运动可以促进生长激素的分泌，促进新陈代谢，增加孩子的食欲，从而促进骨骼和肌肉的发育。

对促进长高最有效的锻炼项目是单杠、弹跳、游泳、吊环、自由体操、打篮球和引体向上。因为跳跃能够牵伸肌肉和韧带、有刺激软骨生长的作用；游泳可以使全身各部分都得到充分的舒展和锻炼；引体向上则可以拉伸脊椎、促进脊椎骨的生长，从而促进少年儿童不断长高。

专家认为，少年儿童可以进行跳绳、跳皮筋、游泳等运动，只要运动量不过大，就有助于提高身体素质，帮助长高，同时又不会伤害身体。

Q4：怕水的孩子能学会游泳吗？

A：回答是肯定的，但怕水的孩子比别人要多花一点时间去消除怕水心理。

怕水的孩子对水的恐惧反应很容易反复，一遇到难度较大的动作，他们的胆子就又小起来。有一些教练员爱采取强制的手段，这对有些孩子有用，但会使一些个性强的孩子产生逆反心理，哭闹着不肯再游泳。所以对于怕水的孩子，关键的一点是：动作难度要低，难度增加的幅度要小，并尽量采用游戏或有趣的方式来吸引孩子。（详见"选修课18 游泳"）

（许小冬）

Q5：我的孩子每次运动回来后，就拼命地喝水，这样对他的身体好吗？

A：水是"生命之源"。参加运动的孩子好好补水很重要，但运动后绝不能暴饮开水或其他饮料。因为暴饮会使胃液被稀释，降低胃液的杀菌作用，妨碍食物的消化。而喝水速度太快，也会使血溶量增加过快，突然加重心脏的负担，影响体温的散发，甚至引起感冒、腹痛或其他疾病。正确的补水方法是：

运动前15～20分钟：补充400～700毫升水，可以分几次喝。

运动中，每15～30分钟补充100～300毫升水，最好是运动饮料。

运动后，要少量多次地补水。

参加运动的孩子，只有保持良好的水营养，才能有良好的体能和健康。

（许小冬）

Q6：我的孩子很调皮，是否应选严格一些的老师？

A："严师出高徒"，这话不假。所以，很多父母愿意选择要求严格一点儿的老师，这样能很快看到效果。尤其是对孩子有较高的期望值时，更是希望找一位严师。严格的老师比较适合爱闹的、需要提高较快的孩子，这样的老师有办法让他多一些克制、多一些努力。

应该说，孩子遇到了一位要求严格的名师，如果配合得好的话，孩子的技艺水平、表现能力等方面均会得到显著提高，但需要父母做好辅助工作。

由于老师上课时要求比较严格，回到家在练习的过程中，父母就要更多地给予孩子肯定和鼓励。同时，可以适时适当地与老师进行交流，将孩子遇到的心理上和技术上的问题及时反馈给老师，以便老师作出适当的调整。

随着孩子技术水平的不断提高，对老师专业技能、综合素养的要求也就越来越高了。如果希望孩子在这方面深造，那么可以考虑换一个要求"严格"一些的老师，也许会有效果。

另一方面，鼓励孩子参加各种类型的表演或比赛，孩子会体会到自己辛勤付出所收获的成果，在别人充满羡慕和赞许的目光中获得更多的自信。同时也从一个侧面让孩子认识到老师的严格可以使自己获得更多的进步，进而树立不怕吃苦、继续努力的信念。

选修课18 　　**游泳**▎

> 　　游泳一般是在低于体温的水中进行的全身运动。游泳是幼儿喜爱的、锻炼效果好、使用价值大的一项体育活动，也是人的一项基本活动能力。

游泳学习早知道

学习游泳的益处

学会了游泳，孩子能超越"陆地动物"的局限，尝到在水中撒欢的快乐，生命体验的范围宽广了很多。说到游泳的具体好处，数不胜数。

1. 提高身体的适应力和抵抗疾病的能力。

游泳可以改善神经系统机能，促进新陈代谢，提高孩子免疫力，让孩子少生病。

2. 有效地促进身体全面均衡地发展。

游泳能刺激骨骼、关节、韧带、肌肉发育，促进孩子身高增长，使孩子体格健壮，身材健美匀称。同时游泳是一种全身性的运动，需要脑、眼睛、耳朵、臂、腿的密切配合，能锻炼协调能力，有效地促进身体全面均衡地发展。感统失调的孩子能通过游泳来训练协调能力，效果很好。

3. 游泳可以改善心肺功能，提高肺活量。

所以，有的医生会建议患哮喘的孩子参加游泳班。

4. 减轻骨骼系统的负担，使脊柱能更好地发育。

游泳时，人体水平地俯卧在水中，受到水的浮力作用，减轻了骨骼系统的负担，使脊柱能更好地发育。

5. 提高心理素质。

学习游泳的过程，孩子要克服对水的恐惧、面对呼吸和撤板等很多难关，通过自身的努力，克服恐惧，过关斩将后，孩子的自信心、意志力都会增强。所以，游泳强健的不仅仅是体魄，心理素质也会提高！

我的孩子适合学游泳吗？

只要发育正常、身体健康的孩子都可以学习。但若孩子患有心脏病、中耳炎以及肺结核、皮肤病等传染性疾病，应等疾病痊愈后再开始学习比较好。

几岁开始学合适？

虽说越早接触水越好，但正式学游泳不是越早越好。父母可以从小多带孩子在水里玩，但要报班学习，最佳年龄是5岁以后。因为学游泳需要一定的理解能力、自控能力和解决问题的能力。孩子太小，难以理解教练的指令，也不易适应陌生的环境和课程的安排，效果不会好。但如果你的孩子在3岁到5岁之间，你又非常想给他报游泳训练班，最好选

择那种能够一对一或者小班教学而且课程安排相对宽松自由的训练班。

学习游泳需做的准备

游泳的必备用品有游泳衣、游泳帽、游泳镜。另外，上课时要给孩子带一块浴巾、一双拖鞋，在孩子的游泳包内还可以带上一瓶水和少许巧克力，以缓解口渴并及时补充游泳时消耗的能量。

如果担心孩子耳朵进水发炎，可以购买一种软质耳塞，游泳前捏成细条，将一部分轻轻塞进孩子耳朵，把露在外面的部分压在耳外，还可以给孩子买硅胶泳帽（比一般的泳帽贵些），以利于遮住耳朵，避免进水。

针对 1 ~ 3 岁到儿童泳池玩水的孩子，可提前准备浮板、游泳圈和充气游泳衣等。借助这些工具，孩子可以感受在水中游动的乐趣，体验浮力，降低对水的恐惧。

支付合理课费

初级普通班：每次课 35 ~ 50 元。

不同泳姿提高班：每次课 40 ~ 70 元。

私人教练（一对一）：初级班课程 1000 元左右。学费高的班，一般会做出"教会为止"的承诺。

Tips 少儿游泳运动员挑选标准

挑选少儿游泳运动员，需要具备以下身体条件：身材高，手臂长，肩宽、髋窄，手大、脚大，躯干呈倒三角形。柔韧性和爆发力都较好，水感好，游起来很轻、发漂。

爱上游泳好方法

1. 提供宝宝与水亲近的机会。

如果你的宝宝处在1～3岁的年龄段，你可以适当提供宝宝与水亲近的机会，但要牢记这个阶段的原则是：戏水为主，安全第一。带上漂亮的漂浮工具，到了安全、敞亮的儿童戏水池，宝宝常会抑制不住地兴奋，你也可以陪孩子在水池中投入地"疯玩"，把塑料球扔向泳池对面，让宝宝一遍遍走过去拿，让他慢慢体会在水中的平衡感。如果他玩得不想从水里出来，要耐心、巧妙地引导，千万别因担心他感冒而厉声呵斥他。孩子爱上水的宝贵的体验，有利于让他愉快地投入到今后真正的游泳课。

2. 3岁以上的孩子亲子戏水以体会玩水的乐趣为主。

3岁以上的孩子，对戏水的兴趣，随着体能的增长和能力的增强，会日益加深，但由于他的注意力容易分散，理解力也不是很强，亲子戏水玩耍时还是以熟悉水性、体会玩水的乐趣为主。

3. 巧过游泳3关。

孩子正式开始学游泳，都要过三道关：第一道关是下水关。大概有40%的孩子会害怕下水，这一关比较好过，因为还没开始学，孩子下水只是扒着池边玩。孩子的天性都爱玩，在玩中就把这一关过了。

相对来说，第二关呼吸关比较难过，差不多有一半的孩子都会因为不会憋气、不敢把头埋在水里而掉眼泪。因为这么大的孩子对呼吸还掌握不好，所以感觉特别困难。

第三关是撤掉手板，这时孩子已经掌握了一定的游泳技术，边玩边撤，难度也不大。

每过一关孩子都可能哭闹，孩子心理

有压力，需要释放，作为孩子最亲近的人，父母应该允许孩子的这种释放，要多鼓励他，给他时间，让他慢慢适应。

Tips 游泳课探班现场

很多游泳训练班在正式学习泳姿之前，通常会给初学的孩子进行一些游戏化的适应水的训练，包括：

1. 呼吸换气阶段。孩子需要改变习惯的呼吸方式，在水面上用口吸气，在水中用鼻、口呼气。岸上模仿和水里实践结合，练习水上吸气水下吐气。

2. 带浮板漂浮。练习带着背板和手板漂浮在水面，同时结合呼吸换气。

3. 去手板后漂浮、蹬岸漂浮。

4. 两腿打水。在向前滑行的基础上，加上两腿打水动作，就能向前行进了。

这些练习，会为之后的仰泳、自由泳、蛙泳的学习打好基础，也让孩子能进一步体验水中浮力的特点。

在家引导练习的妙招

1. 关注孩子的心理变化。

不少父母认为报个游泳班，把孩子丢给教练，自己省心，孩子更容易学会。其实，整个学习过程中父母细心配合，关注孩子的心理变化很重要。否则孩子学会游泳的经验，将与很多痛苦、不安、不愉快的体验联系在一起，可能会影响游泳带给孩子的快乐。所以父母应该了解游泳训练班的教学安排和教学目标，清楚地知道有关的安全、纪律要求，按要求准备好游泳的服装和器材，并及时了解孩子的训练情况。在孩子遇到困难、丧失信心的时候，父母要根据孩子的性格特点，给孩子鼓劲，有了问题及时与教练员沟通交流。

2. 孩子敢下水，就是很大的进步。

平时多带孩子到儿童戏水游乐场玩耍，消除他对水的恐惧感。对于胆子较小的孩子，你需要耐心地鼓励他一步步慢慢适应。

3. 游戏巧过呼吸关。

为了避免呛水，孩子需要先过"呼吸关"。父母课下可以用孩子能明白的语言，让他知道什么是呼吸换气，还可以示范给孩子看，也可以在水里玩"金鱼吐泡泡""小小潜水员"的游戏。这样的游戏孩子非常喜欢。几次下来，他就会屏住呼吸晃着小脑袋在水里到处找你，一直等到坚持不住才抬头换气。

Tips 细心做准备，安全最重要

初学游泳的孩子在水里动得少，很容易小手冰凉，嘴唇发紫。防护措施一定要做到位：

环境 1～3岁的小宝宝，最好能去专门的儿童池游泳，保证池水温度在32℃～34℃，室内温度在25℃～28℃。对于3岁以上的宝宝，不论冬夏，水温应保持在27℃～30℃为宜，还要注意不要让孩子感觉到室外温度相差太大。

下水前 充分做好热身运动，做关节、韧带的舒展活动，使肌肉得到全面放松。给宝宝身上撩些池水，让他慢慢适应水的温度。

水中 经常撩水到孩子身上，避免着凉、抽筋。初学阶段每次下水的时间不宜过长，10分钟左右就要上岸休息一会儿。

上岸后 让孩子用大浴巾包裹住身体，迅速擦干头发、关节、全身，穿上衣服，再带着宝宝做几节放松的体操。天冷的时候出门要戴帽子，防止感冒。

安全最重要 在较正规的游泳班里，出于安全考虑8岁以下的孩子，无论会不会游都要求带着背板，掌握基本的安全要领。许多水中的安全事故，都发生在那些年龄小、安全意识很弱、不知道自己能力极限、刚刚会游泳的孩子身上。他们对水性已经有了一定了解，但是因喜欢"挑战"非安全区水域或在游泳池里追跑打闹，很容易发生危险。

邻家妈妈好经验

儿子4岁半时，为了和幼儿园同班的小朋友凑一个一周两次课的游泳初级班，我没征求他的意见就给他报了名。老师比较严格，儿子只去了3次，就再也不肯去了。从此不能提游泳两个字，否则就跟我急。初次报班不但没学会，反而引发了他对游泳的反感，真是得不偿失。我认真地反思，不再提学游泳的事。但我决定要利用各种机会，打消儿子对水的恐惧。

寒假里，我找机会带他到温泉游乐中心玩，事先与儿子约定好：到了地方，他愿意怎么玩都行，不下水没关系。从在15cm深的水池里蹚水开始，逐渐过渡到打水仗，坐在浅水里用脚打水花，等寒假结束时儿子基本不再拒绝玩水了。我再接再厉，不断找机会带他到温泉和度假村的儿童游泳池"体验生活"。随着"小小潜水员""金鱼吐泡泡"等各种玩水游戏的深入，儿子重新找到了玩水的乐趣，开始主动提出去玩水了。渐渐地，儿子觉得浅池子身体漂不起来不过瘾，要求带着游泳圈去深一点的池子。我一般都克制着心里的兴奋故意阻拦，这样儿子要去的意志反而更坚决了。儿子体验了一段带着泳圈漂浮的乐趣之后，我提议让他尝试摘掉泳圈到浅一些的水里，在我的保护下练一练水中行走，体会一下身体自然的浮力。儿子同意了，而且一次比一次走得深，后来水没到了他的胸口，也丝毫没显出害怕的样子。转眼又到暑假了，儿子最好的小伙伴邀请他一起去海边，儿子有了伴，玩得不亦乐乎，可是小伙伴游泳时的潇洒模样却让儿子又羡慕又妒忌，他索性对小伙伴夸口说自己正在学，马上就学会了。

从海边回到家，我趁热打铁和儿子商量暑假学游泳的事，并答应这次要物色一位温和的老师。可能是因为对上次报班心有余悸，儿子有些犹豫。看到儿子没有立刻同意，我也冷静下来，提醒自己这次一定要尊重孩子的选择。没想到，当天晚上儿子答应了。我觉得游泳讲究的是熟能生巧，每周游三四次，连续性的训练要比一周只学一次掌握得快，孩子不至于每次上课都忘记上一次的课学的内容。我从留心收集的游泳班的相关信息里，为儿子找到了满意的游泳班。

这次参加游泳班，儿子长了1岁，5岁半，老师有经验并且和颜悦色，加上这一年来我这个业余辅导员的"巧妙引导"，儿子很快就进入了学习状态，1个半月的游泳班结束，儿子不仅掌握了蛙泳，还在教练的指导下，初步体会了仰泳的乐趣。

选修课19　　轮滑 ▌

轮滑也就是我们常说的"滚轴溜冰"，是目前非常流行的一种时尚运动。轮滑简单有趣，上手快。初学的孩子，只要简单地掌握一些方法和平衡的技巧，就能体会到这项运动带来的乐趣。轮滑培训班的主要从安全跌倒、站立、踏步开始练习，教授正确的滑行姿势及转弯、刹停等技巧。

孩子们在中国儿童中心快乐轮滑俱乐部体会轮滑带来的乐趣

轮滑学习早知道

学习轮滑的益处

轮滑是一项融健身、竞技、技巧、娱乐、刺激于一体的运动项目，因此，如果能够正确地引导，学习轮滑的体验将对孩子大有益处。首先，轮滑是一种有氧运动，除了带给孩子的"飞一般感觉"，还有益于增强体质，塑造好的体形，锻炼孩子的勇气，培养快速反应和平衡的能力。轮滑能增强心肺功能、协调能力、平衡能力、灵敏性和爆发力，滑轮滑还能很直接地锻炼臂、腿、腰、腹等肌肉的力量和身体各个关节的灵活性。很多孩子坚持练习一两年后，体质明显改善，生病的次数大大减少。另外，滑轮滑时，小腿老要绷着劲儿，长期练习，小腿肌肉的线条就特别好，会练得腿部修长。与许多其他运动项目一样，练习轮滑还有助于培养孩子的毅力，同时在你追我赶的快乐气氛中，增加与小伙伴交流玩耍的机会，对孩子的性格养成也大有好处。

学习轮滑需做的准备

轮滑鞋 目前，市场上能见到的轮滑鞋就有几百种之多，价格也从百十来块到几千元不等。有专门针对孩子的儿童休闲轮滑鞋，一般可以伸缩，尺寸有几档，鞋帮比较高（孩子脚踝力量小，容易扭伤，鞋帮高的鞋能起到保护作用），适于孩子初学轮滑使用。有的父母认为，孩子刚学，先买双100多元的鞋让他练着，等学会后再买好的。但建议正规商店里标价低于300元的鞋最好别买。价钱低的鞋一般成本低，质量都不过关，孩子穿这样的鞋滑起来费劲而且容易受伤。而质量好的鞋，穿着舒适，至少能穿三五年，最终还是划算的。

头盔等护具 初学最好选择防护面积大的护具，以防止皮肤的擦伤。但不用买太高级的，因为孩子刚学会滑，速度不会很快，买一套一百元以内的一般档次的护具（包括护膝／护肘和护手）。等孩子技术娴熟、速度加快后，可以再考虑选择轻便一些的护具，既能提供基本的防护，又尽可能少地影响动作的灵活性。

穿戴先后顺序 头部需要重点保护，所以要先戴头盔，之后穿戴顺序依次为：戴护肘、护膝，穿鞋，最后戴护手。脱的时候顺序倒过来，先脱护手，最后脱头盔。每次运动前，提醒孩子检查鞋子的零件是否松动、轮子是否有裂痕等。这样既能保证安全，又增强了孩子的安全意识，还能帮他养成爱惜物品的好习惯。

目前，比较常见的轮滑鞋品牌有国产的智趣、韩国的风尚和美国的米高、开拓等。

我的孩子适合学轮滑吗？

只要孩子身体健康，没有得需要避免运动的特殊疾病，都可以享受轮滑的乐趣。

几岁开始学合适？

滑轮滑需要孩子的身体具备相当的平衡感及下肢协调控制能力，也需要有敏捷的肢体反应，因此对于肢体控制能力尚未发展健全的幼儿而言，需注意安全。

而且，轮滑对场地要求较高。因此，3岁以内的孩子最好不要直接学习直排轮滑，可尝试从滑板车开始。另外，踢毽子、跑步和跳绳等方式，也能有锻炼下肢的效果。

每次宜练习多长时间？

有父母担心孩子学轮滑会导致腿变形，其实导致腿变形有关的主要因素是动作形态和持续时间。在轮滑运动中，还没有什么动作会直接造成腿变形。孩子的肌肉力量会随着练习增强，承重能力也会随之增强。刚开始时，孩子练习时间短一些；随着力量的增加，逐渐延长练习时间。

此外，要注意练习前的热身活动、练习后的放松活动，以及睡眠和营养补充等。

支付合理课费

集体授课：8～12人，14～16次课，每次课45～60分钟，300～500元。

爱上轮滑好方法

1. 小伙伴滑轮滑的英姿最能引发孩子对轮滑的兴趣。

一般看到小伙伴全副武装地穿着轮滑鞋、英姿飒爽地乘风滑行的样子，十有八九都会动心想学。这时父母可以趁着孩子的兴头，和他协商学习轮滑的计划。

2. 鼓励孩子掌握窍门，更多地体会轮滑的乐趣。

很多父母觉得买了鞋和护具让孩子自己玩就挺好。其实，要想滑好轮滑，有很多技术窍门。一旦掌握了这些窍门，孩子能体会到轮滑的真正乐趣。通过轮滑掌握了平衡感、速度感，很可能帮助他触类旁通地领悟到其他运动需要的技巧。掌握每个窍门都像过一个小关口，过关的过程中，父母的鼓励和支持非常关键。

3. 学轮滑，一般先学摔倒、站立。

因为孩子明白了怎么摔是安全的，明白了怎么通过身上的护具来分散跌倒的撞击力以保证身体的关键部位不受伤，才能消除恐惧产生安全感，才能真正放松下来。如果不经过这方面的训练，摔倒时只能靠本能反应，有可能造成臀部、背部甚至头部等关键部位受伤。课上时间不足以让孩子掌握，父母可以配合着课程的进度，帮助做好摔倒保护的基础练习。

4. 提醒孩子掌握正确的轮滑姿势。

和平时走路不同，在滑行时，主要是孩子两条腿在滑，上半身只是辅助配合。所以，学会转移重心至关重要。如果孩子不会转移重心，就会动作僵硬，不但滑不快，还很累。这样一来肯定会影响孩子的

兴致。而且孩子若养成叉着两腿滑的错误姿势，纠正起来很困难。所以，如果有条件，参加一个比较正规又能激发孩子兴趣的轮滑班是个好的选择。当然，如果孩子周围有接受过正规训练的小朋友和父母，跟他们取经或跟着一起练也是一个选择。

在家引导练习的妙招

1. 如果轮滑课每周一次，若想消化课程上学的动作要领，父母最好能抽时间陪孩子练习，以实践、巩固学到的动作要领。首先需要物色平整安全的场地，让孩子戴好护具，针对孩子学习的进展和兴趣，和孩子一起做一些轻松、快乐的游戏，比如让孩子抓着父母的衣服玩开火车游戏，或一起玩追人游戏等。

2. 孩子初学轮滑，常会因恐惧不由自主地往后摔倒，要掌握正确的摔倒保护动作需要一定的时间。为避免孩子向后摔倒时受伤，有的父母在课下练习时给孩子后腰上围上较厚的衣服，其实这样做不利于孩子掌握正确的保护动作，反而容易养成不正确的动作习惯。

指导专家：

许小冬
北京体育大学运动心理学教授。

邻家妈妈好经验

我儿子看到同一个楼的小朋友滑轮滑，也闹着要学。我给他在幼儿园报了轮滑班。第一堂课先学"摔跤"——学习怎样能够保证跌倒时安全。正确的动作是：重心前移，膝盖弯曲，然后身体下趴，护掌触地向前滑出，并让身体同时伸展出去，然后完全扑倒在地，经过这一连串的动作后，跌倒时的撞击力会被分散出去一部分，不至于使孩子受到伤害。训练场地是一个幼儿园的运动场，一个老师面对十几个四五岁的孩子。由于每周只上一次课，为了帮助他消化学习的内容，

到了周末外出时，常给他拿上鞋和护具。只要发现有平坦合适的场地，都引着他练习一会儿。有时我们会学着教练在场地上放一些玩具，让他蹲下身捡起来交给我们；有时他爸爸舍命陪君子，两条腿跟儿子的8个轮子竞赛速度，随着儿子赢的次数增多，他自信心倍增，兴趣越来越浓。每次上课儿子脸上都洋溢着快乐的笑容，初级班结束后，他还坚持报高级班，看得出他很喜欢这项能体验"风的感觉"的运动。

选修课20　跆拳道 ▍

　　跆拳道起源于韩国，同中国武术一样，都是东方传统文化的重要组成部分，具有浓厚的民族特色和传统精神。　"跆"是用脚踢，"拳"是用拳击，"道"是方法、艺术，一种精神文化的心得。由于脚的动作为主，占了70%，所以也被称为"脚的艺术"。跆拳道训练分为十级九段，每一级分别用不同颜色腰带区别。学员完成第一阶段后再接受更严格的训练，考试合格后，方可晋升到第二阶段即黑带（一段）。黑带共分九段，段数刺在黑带两端。

跆拳道学习早知道

学习跆拳道的益处

跆拳道运动最特别的一点，不在于技术，而在于始终倡导"以礼始，以礼终"的精神，强调礼义、廉耻、忍耐、克己、百折不屈，重视通过学习跆拳道不断提高道德修养，形成积极向上的意志品质。在练习跆拳道时，除了动作技术外，正规的培训机构应该注重培养孩子谦逊适当的语言、忍让友好的态度和虚心好学的作风。无论是酷暑严寒，都要穿道服练习，这本身也是为了磨炼意志，让孩子能够有一定的忍耐寒冷的能力。

我的孩子适合学跆拳道吗？

只要没有先天性疾病如心脏病、哮喘病和骨骼方面的疾病，无论男孩、女孩都可以学习。现在，不少父母为了让女儿健体防身、增强独立性，也引导孩子学习跆拳道。

几岁开始学合适？

一般来说，孩子5岁就可以开始跆拳道的学习。重要的是孩子对于教练的一些比较抽象的动作指导，能初步理解。也有一些相关的体育训练机构初级阶段安排的学习内容难度相对大一些，报名年龄从8岁开始。

学习跆拳道需做的准备

以集体授课的兴趣班为主，一般参加兴趣班的孩子都需要购买道服。无论是酷暑严寒，都要穿道服练习，这本身也是为了磨炼意志。

支付合理课费

集体授课：每次课45～60分钟，20～60元／课时。

也有一部分少儿学员参加跆拳道学习采用办年卡的形式，费用在1000～2000元之间。各道馆的训练时间不太一样，有的1周5次，有的1周3次，每次大约60～90分钟。

爱上跆拳道好方法

1. 练出精气神很重要。

练习跆拳道的孩子们一般都要穿统一的跆拳道服练习。无论是男孩还是女孩，穿上这样一身道服，立刻会觉得状态不同了。初学阶段，一般很少做对抗性练习，主要是熟悉一些基本动作，但要求孩子学习时要有好的状态和精气神。比如让孩子在训练中大声喊出来，也是让他更有自信。胆小内向的孩子开始学习的时候，面对教练的示范，很可能面露难色，腿抬不高，踢脚的动作也犹犹豫豫，不能自信地大声喊出"哈！哈！"的声音。父母不要因此着急，因为孩子到一个陌生环境学习新内容需要一个适应过程。随着课程的深入，教练反复的示范，孩子逐渐熟悉了老师、环境和小伙伴之后，会越来越放松，理解并做到老师强调的动作要领，显示出主动的劲头。

2. 喊出自信。

不论是初练，还是更高水平修炼，都十分强调自信心，同时跆拳道强调的"克己、百折不屈"等精神内涵也会在一次次具体的练习中体现出来。比如练习过程中有力踢腿的同时，一般要求嘴里响亮地喊出"嗨""哈"的声音！这样不仅能使他迅速进入兴奋状态，还能让孩子凝神壮胆。但是，孩子在课堂上挑战新动作时，可能会遇上技巧或心理上的难关。这时特别需要父母的鼓励和积极配合。父母应积极肯定孩子付出的每一点努力，比如赞赏地说："练得都出汗了，腿的动作特有劲，比上次课好了很多。"这有利于让孩子体会到取得进步的成就感，增加克服困难的勇气。

3. 玩游戏，激发兴趣。

课下当孩子主动练习或比划学到的跆拳道动作时，父母可以游戏的形式积极参与，调动孩子的练习热情，激发和保持孩子学习的兴趣。比如妈妈可以让孩子当老师，演示一下上课学的动作，跟着一起学，并认真向他请教动作要领；父亲可以扮演挑战的一方，和孩子对练，最后装出被孩子踢中要害爬不起来的样子。在游戏中上课老师教的踢腿动作很可能被灵活改编了，这表现了孩子创新的热情，应该积极鼓励。但父母需要提醒孩子，不能轻易用跆拳道的动作随意攻击小朋友，因为这不符合跆拳道强调的"礼仪、忍耐、克己"的精神。

4. 给孩子表演的机会。

陪孩子观看一些体育比赛的电视节目，带孩子观看相关比赛，激发和保持孩子学习热情。另外，亲戚朋友来访时，孩子如果愿意表演，可以让他把学到的本领展示出来，能让他体验到成就感。

邻家妈妈好经验

我女儿本来胆子很小，开始给她报过一个轮滑班，但一次受伤后就再也不肯练了。后来为了锻炼她的胆量，我给她报了跆拳道班，教练每次都要求在训练中大声地喊出口令，大声问好，而女儿只是躲在队列中小声地喊。渐渐地在教练的一次次提醒下，女儿慢慢适应了这种学习方式，不再一味躲避、退让，进攻更加主动，踢腿更加有力了。

大概在上了七八次课后，有一次女儿遇到班上的一个男孩子想来欺负她，女儿一下子摆出架势，然后很有气势地大吼一声，一下把那个男孩都震住了！

选修课21　乒乓球 ▮

　　乒乓球运动的起源与中世纪网球有着密切的联系，其英文名为"桌上网球"。由于用拍击球和球碰桌面时发出"乒""乓"的声音，所以人们又叫它乒乓球。

　　乒乓球的特点是：器材设备简单，室内室外都可进行，球小速度快，变化多，运动量可大可小，不同年龄、性别和身体条件的人都可参加，很容易被大众接受，世界上参与这项运动的人数近4000万人，可算是世界上最有人气的运动。

　　1959年，容国团为新中国赢得了第一个乒乓球世界冠军，乒乓球从此进入了长盛不衰的　"中国时代"。由于乒乓球在中国开展非常广泛，因而赢得了"国球"的美誉。

模特：陈自强　　　　　在北京学生运动管理中心（北京市少年宫）快乐地练习

乒乓球学习早知道

学习乒乓球的益处

1. 促进孩子感知觉的发展。

打乒乓球对于促进孩子感知觉发展的作用非常突出。乒乓球的发球、接球涉及视觉、听觉等多种感知觉的协调配合。对方球发出来后孩子需要在瞬间对球的速度、飞行路线等作出判断，才能做出反击。所以在接发球的过程中，需要孩子注意力高度集中，不断观察、判断对方的动作和球的变化，快速反应，这对发展孩子的直觉灵敏度、力度知觉和注意力有极大的好处。

2. 打乒乓球预防近视。

乒乓球很小，速度又快，打球时，双眼要时刻紧盯着穿梭往来、忽远忽近、旋转多变的球，判断球速、方向，这使眼球内部不断运动，血液循环增强，眼神经机能提高，能有效减轻或消除眼疲劳，有利于预防和矫治近视、锻炼眼力。

3. 有利于培养孩子缜密的思维。

打乒乓球要不受周围环境的干扰，在快速的变化中，审时度势，灵活机动地运用有效的战术，战胜对方。所以，乒乓球运动不仅有利于培养周密的思考习惯，还能培养独立性和顽强的意志。

4. 提高心理素质。

乒乓球是竞技运动，球速快，变化多，胜和败的条件在短时间内经常转换，孩子的情绪状态也会随之变化。在学习乒乓球的过程中，孩子会经受胜负难料的竞争的锻炼，体验各种情绪，对孩子的心理素质是很好的锻炼。同时，孩子在学习过程中，会很自然地和小伙伴相互切磋球技，有助于培养孩子建立良好的人际关系。

我的孩子适合学乒乓球吗？

由于乒乓球的运动量可大可小，只要孩子身体发育正常，对运动感兴趣，都可以学乒乓球。

几岁开始学合适？

一般来说 5～8 岁开始最为理想，5 岁左右的孩子基本能够理解老师指导，注意力集中的时间相对较长，能够适应课程的需要。另外，5 岁以后，一般孩子握拍击球时，肘关节能在球台以上，这样在学习过程中能避免过多的错误动作。但由于乒乓球属于单侧性的运动，学龄前孩子练习时要注意全面锻炼，防止单侧发展。在练习的过程中，还要注意全身动作的均衡、协调。

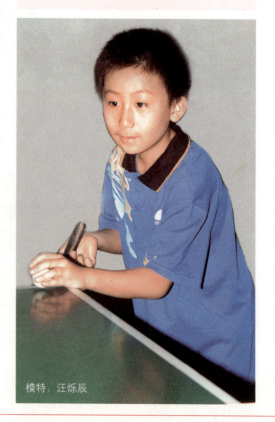

模特：汪烁辰

学习乒乓球需做的准备

球拍和球 乒乓球球拍是由底板、海绵和胶皮三部分组成。底板分为直板和横板两种板型，一般而言，横拍选手攻守全面，而直拍选手则变化灵活。初学的孩子选择直拍的较多，可以和孩子的教练一起商定选什么板型。建议到体育用品专营店里购买"红双喜"、"友谊"等知名品牌的球拍，质量比较有保证，大约花200元就可买到一只相当好的球拍。在挑选底板时，最基本的要求是底板应平整、坚硬。从外形上看，反胶胶皮本身带有较大的黏性，摩擦力强，容易制造旋转，比较好地兼顾了速度与旋转的要求，同时由于击球稳定，易控制，因此是初学者的首选。乒乓球，最好选用"红双喜"或"双鱼"40毫米的大球。

服装 选择服装强调轻便、合身，要选择吸汗性较强的纯棉质地的运动装。还要给孩子买一双合脚、轻便并且防滑的运动鞋，因为脚步移动是乒乓球运动中一个十分重要的技术环节。此外，由于脚部汗腺比较发达，建议父母给孩子穿纯棉袜。

支付合理课费

乒乓球培训机构，从内容上一般分初级班、中级班和高级班，从人数上分大班课、小班课和单独授课。从时间上分周末班和平时班。课时有1小时、1.5小时、2小时不等。初级乒乓球培训班的课时费比中级和高级要便宜，一般在30元~70元／小时。单独授课一般包括一对一教学和一对二教学两种，初学的课时费一般在每小时100元左右。

爱上乒乓球好方法

1.与孩子一起玩游戏。

父母如果喜欢乒乓球，当孩子能正面把球打回去时，就可以给孩子买只球拍和球，和他用拍子玩打乒乓球的游戏了。比如和孩子比赛"让乒乓球在球拍上跳舞"。主要是让孩子了解怎样把球拍端平并尽量多地让乒乓球在拍子上弹跳。游戏主要是为了激发孩子对乒乓球的兴趣，同时能帮孩子找到一些感觉，比如感知球的弹跳习性、球弹跳的方向与球拍方向、用力大小的关系和球的节奏等。

2.和孩子一起看比赛，给孩子讲讲乒乓球的历史和著名球员的故事。

运动不仅是完成身体运动的一个过程，也是一个非常重要的情感经历。父母应该多和孩子一起参与到运动中。你可以和孩子一起看电视转播的比赛或带孩子去看几场乒乓球比赛。通常，当孩子看到高水平职业运动员的英姿，并感受到这项运动的激动人心之处时，他会对亲自尝试这项运动有更大的兴趣。乒乓球起源于19世纪70年代的英国，原来是作为茶余饭后的一种休闲运动，它最原始的模样是用装雪茄的盒子盖做拍子，香槟酒瓶的塞子做球来进行的……给孩子讲讲乒乓球的这些有趣的历史，也能激发孩子了解乒乓球的兴趣，有助于孩子更加喜爱这项运动。

3.为孩子创造一个好的运动氛围。

父母积极陪伴和参与，利于激发孩子对乒乓球运动的积极性。但父母注意不要总是在一旁当督察员，挑剔孩子的动作，琢磨着孩子将来是否能在此项运动中成为佼佼者，为升学加分。这样做会给孩子造成过大的压力，会降低孩子的兴趣。另外，小伙伴之间的切磋交流也是提高孩子兴趣的重要通道。所以父母可以多提供机会，鼓励孩子与小伙伴一起打乒乓球或玩相关的游戏。

邻家妈妈好经验

我们居住的小区中心有一块空地安装了健身器和乒乓球台子，是孩子的乐园。儿子从小就常在小区里观看哥哥、姐姐们你争我抢玩乒乓球的场面。去年，儿子5岁半，主动提出要学乒乓球，我给他在少年宫报了名。孩子学乒乓球以后，周末我经常带他到小区的乒乓球台和小朋友打球、切磋，有两次他竟然打败了比他大的哥哥，这使得儿子对乒乓球的兴趣越来越浓。儿子少年宫的专业教师教学非常有方法，儿子学了一年多了，球艺进步很快，在小区里已经小有名气。因为刚开始学的时候，老师总挂在嘴边的一句话是：打乒乓球要走一步，看三步，儿子练习打球时我常提醒他这句话。于是，他总跟小朋友煞有介事地说："我们老师说了要看三步"，有个小朋友干脆给他起了个"看三步"的外号。不过，我发现在和小伙伴打球时，儿子的确有意识地注意这一拍打过去，对方可能会怎样把球打回来，自己又该怎样把球再打回去。每次打完球回家的路上，我们经常聊一聊今天对阵的小朋友有什么长处和短处，下次该怎样抓住对方的弱点打球。这一年下来，不仅孩子打球的技术提高了，他的急性子也改了不少，做事情时都更注意方法了。

参考信息

相关网站 中国乒乓网 http://www.cn-tt.com
北京学生运动管理中心(北京市少年宫) http://www.bjcp.org.cn

选修课22

选修课22　　**武术** ▮

武术是以健身、习武为主要目的的运动项目。武术也称武艺、国术、功夫等，历史源远流长，内容丰富多彩，是中华民族文化的瑰宝，在国际上享有很高声誉。武术内容以技击、健身为核心，注重形神兼备，内外双修。

武术学习早知道

学习武术的益处

不少妈妈让孩子学习武术是为了提高孩子自我防护的能力，增强体质，少得病。其实，孩子学习武术还有更多好处：能够促进孩子身体全面发育，培养正确的身体姿势，提高速度、协调、灵敏、力量、柔韧等素质，发展时空知觉和节奏知觉以及肌肉控制能力、想象力、注意力、形象和运动记忆力、模仿能力，并培养尊师爱友、团结互助、勤学苦练、自律守规、自信自尊、勇敢坚毅等民族传统武德。

我的孩子适合学武术吗？

只要身体没有特殊障碍的孩子都适合练习武术。

几岁开始学合适？

4 岁以后，孩子身体的协调性和柔韧性等能力发展较快，注意力、记忆力、思维能力和行为控制能力都有明显的提高，这为学习武术提供了良好的条件。这时就可以开始学习武术。但孩子的学习和运动能力毕竟还不高，仅适宜学习一些简单的武术动作和动作组合，运动量也不能过大。

每次宜练习多长时间？

每次在家里练习时，内容安排要紧凑，最好不要超过 30 分钟。

学习武术需做的准备

日常练习武术时，要给孩子穿宽松、易于活动的服装，以免影响孩子的运动效果。幼儿园或学校的才艺表演，一般经常会安排集体武术操的表演，这时往往需要统一配置服装。有垂坠感的武术套服扎上腰带，能为孩子的才艺表演增色不少。

支付合理课费

普通的武术兴趣班的课费每课时 30 ～ 50 元不等。

单独授课的课费，根据所在地区和武术的门类不同，价格差别较大。

教师的关键作用

1.选择武术兴趣班，父母需要考察课程设置是否符合孩子的特点。

目前，作为课外兴趣班，在引导学龄前孩子学习武术时，应考虑针对儿童机能弱、发展快、易损伤、可塑性大的身心发展特点，本着有利于孩子的基本动作能力的发展，有利于孩子健康情绪和心理的发展，并渗透着品德、智力、美感、个性等方面的发展目标，合理设计学习的内容。不应把成人那一套东西照搬到孩子身上。要特别注意激发和培养孩子的学习兴趣，适当降低对规范性的要求。

2.还要根据孩子年龄特点和兴趣班教学时间安排武术教学内容。

内容主要安排教冲拳、砸拳、劈掌、

亮掌、弓步、马步、虚步和歇步等有代表性的武术基本功和动作组成的小组合。另外配乐编排动作的武术操富于变化，也容易引起孩子的兴趣。武术操与基本体操有很明显的不同，它的特点是动作快速有力、有技击含义、节奏明快，能表现出激奋进取、勇武有神的气概；武术操的动作内容包括推、冲、抡、劈、踢、蹬、仰、俯等，这些动作包括了肘、膝、腕、关节的屈伸，旋转，颈部的屈、转和以肩为轴的臂的绕动。动作大都是加速有力的"寸劲"，能较好地发展爆发力。

3.考虑学习对发展孩子个性、心理素质和孩子创新能力的深层需求作用。

教师应根据孩子运动能力、学习能力的发展，逐步丰富和加深内容，但学龄前的孩子一般不学武术套路。武术老师需要了解上述学习内容的基本特点，考虑学习对发展孩子个性、心理素质和孩子创新能力的深层需求作用，而不应只重视动作技巧，机械地示范和让孩子模仿。在教学过程中，教师应注意要求孩子有技击意识，眼随手动，全神贯注。这是武术教学重要的特点。

爱上武术好方法

1. 父母与老师交流配合，从多种角度激发孩子对武术理解和兴趣。

父母和老师可以积极配合从认知、竞技、模仿、交往和创新等多个方面激发、培养孩子的兴趣，这会起到事半功倍的效果。例如老师选择动作时，要根据孩子能力的发展适当调节难度，太难、太容易都难以引起兴趣。同时还需要考虑所编选的动作要"扮相"漂亮并充满情趣，这样能满足孩子审美和模仿的需要，受到他们的欢迎。武术基本动作有很多讲究，背后都有藏着有趣的自然、文化和历史的小故事。老师在讲解武术中手的动作时，除了让孩

子了解动作方法（包括用力方式、顺序、力度和难点等）和要点外，还可以用形象生动的语言给孩子简单介绍一下所学的每个具体动作的缘起和相关历史典故。而父母可根据课程进度，为孩子物色一些相关图书，讲一讲武术不同流派的代表性人物惩恶扬善的故事，这些做法都能很好地激发和满足孩子的认知兴趣。

2. 与孩子做些游戏锻炼孩子的柔韧性。

父母可以本着 "跳一跳够得着""每天进步一点点"的原则轻松地与孩子做一些游戏。锻炼孩子的柔韧性是武术的重要益处，父母在家可以和孩子一起玩锻炼孩子的柔韧性的小游戏，例如比赛"用手摸地""用胸部够膝盖（注意塌腰挺胸）"等。

3. 给孩子提供表演的机会。

引导孩子学习武术，最需要解决的就是激发兴趣的问题。在教孩子武术时，适当给孩子一些表演的机会，是激发孩子兴趣的重要方法。一般孩子往往不容易看到自己的练习效果。而掌握了新的本领，能在父母、亲戚或小伙伴面前表演出来，在满足孩子与同伴交往的需求的同时，更能让他意识到自己学习的结果，从而获得满足感和自信心，这能大大激发孩子坚持学习武术的信心和决心。如果不顾孩子的兴趣心理，不给孩子展示的机会，就很难激发和保持孩子的兴趣，难以吸引孩子走近博大精深的武术世界，武术的深远意义也就无从谈起。同时，父母需要提醒孩子：学过的武术动作可以用来防卫，但不能为了炫耀而用来打小伙伴。这里面涉及武术深层的道德观，父母可以通过讲武术名人故事的方式渗透和提醒。

4. 生活中，埋藏着兴趣的导火索和创新的火种。

到了四五岁，尤其是男孩子，常会迷上

打斗场面较多的动画片、电影或电视节目。很多孩子整天带着"奥特曼""变形金刚"以及各种怪兽的模型。老师在教授武术动作时，可以利用孩子的心理，从他们感兴趣的卡通人物入手，挖掘其中能与武术动作相结合的元素，引发孩子的兴趣。课下练习时，父母也可以根据孩子的兴趣点，与孩子做对抗性游戏。父母可假装成敌方，向孩子发起挑战的同时巧妙提醒孩子用上学到的武术动作。当孩子真的用上了某个动作时，父母可以装成被打得很重的样子以突显孩子动作的威力。这既能加深孩子的兴趣，又能起到复习的作用。课下游戏时，如果父母仔细观察就会发现，老师教的正面劈掌、单手劈掌等动作，常常会被孩子很好地发挥成了侧劈掌和双手劈掌，而且劈掌动作大臂带动小臂、环环加力的要点，也会被孩子自然地加进了"奥特曼"的招式里，给原本死板的"奥特曼"动作增添了几分英武之气。孩子正是这样在玩得舒服尽兴的过程中，无意识地想出新的动作与玩法。对此，父母和老师应积极鼓励，这有利于孩子创新意识和能力的发展。

5. 鼓励孩子的点滴进步，不要追求立竿见影。

孩子学习武术动作，一般要经过粗略掌握动作、改善与提高动作与巩固和运用自如三个阶段，但第三个阶段一般较难达到。孩子观察和分析老师动作的能力较弱，在粗略掌握动作阶段，当老师示范时，只要孩子能观察并掌握到动作主要部分的特征，下课能比划出来，父母就要积极鼓励，这时不要过多强调动作细节的规范性。之后，经过反复练习和观察分析老师的示范动作，再加上老师富有情趣的讲解，孩子能初步形成动作概念，动作也会逐渐协调、连贯和准确。孩子动作出错，有时是由于孩子的能力局限造成的，对这类错误急也

没用，经过一段时间的练习，孩子能力提高了，动作自然会改善。

6. 让孩子在武术学习细节中受到思想品德的熏陶。

武术强调习武的同时提高道德修养，但孩子无法理解这些抽象深奥的理念。面对孩子，重要的是"导之以行"。父母和教师都需要关注武术学习对孩子思想品德的熏陶。如上课过程中，按照老师指定的队形和顺序排队，不争抢位置；听讲和看老师示范时注意力集中，提问题先举手，得到同意后再发言；见到同伴摔倒碰伤要主动扶起安慰，碰撞了同伴要道歉，发生了纠纷不打骂等等。在孩子取得进步时，父母应及时鼓励并提醒孩子不骄傲；当孩子学习中遇到了困难，产生畏难情绪时，应积极鼓励孩子克服困难坚持下去。

受访专家：
黄世勋

邻家妈妈好经验

儿子4岁，参加了武术兴趣班。武术老师较懂孩子的心理。第一次下课回家，儿子就表演了个双手架拳的自我保护姿势，说是老师教的与"怪兽"格斗时用的姿势。每次课，儿子都会学一些类似"白鹤亮翅""青龙探爪""美猴献桃"等新动作回来，兴高采烈地表演给我们看。半年之后，儿子能配合着音乐比较连贯地把老师教的一套简单的武术操表演下来了。偶尔，我挑选一些内容比较好的武打片，陪儿子一起看。看到兴头上，他还跟着"哼哈"地比划几下。国庆节的假期，我们全家到烟台旅行，晚上到海边的广场散步时，儿子突然来了表演武术的兴致，自得其乐地表演了十多分钟才尽兴，惹得不少过路人为他喝彩，他非常自豪。旅行回来，儿子学习武术的兴趣更浓了。

选修课23

选修课23　　少儿足球

　　足球是体育运动中最能使人受到全面锻炼的项目之一，被称为"体育运动之王"。早在古希腊和我国春秋战国时期就有类似今天足球的游戏。

　　从 17 世纪中后期开始，足球运动逐步从欧美传入世界各国，尤其在一些文化发达的国家更为盛行。1908 年，足球正式成为奥林匹克运动会的比赛项目。足球运动 19 世纪末 20 世纪初传入中国。少儿足球的发展，是中国足球腾飞的基石，邓小平同志曾明确指出"足球要从娃娃抓起"。1985 年，我国受国际足联的委托，在北京举办了"第 1 届国际足联 16 岁以下柯达杯世界锦标赛"，有力地促进了我国青少年足球运动的开展。目前，全国已建立了数百所少儿足球训练学校、训练班和训练基地。

少儿足球学习早知道

学习少儿足球的益处

1. 全面健身，促进发育。

足球，一直是深受孩子喜爱的一项体育运动，也是公认的能全面健身的一项体育运动。孩子参加足球运动，并可发展孩子的灵敏度、速度和耐力，同时，促进孩子新陈代谢，增强机体抵抗能力的，还能促进孩子骨骼生长。

2. 防治近视，锻炼眼力。

做足球游戏时，眼要随着球时而近看，时而远望，时而左顾右盼。眼肌张弛交替，晶状体总处在调节的状态。这是较放风筝、看飞鸽更为积极有效的预防和矫治近视、锻炼眼力的活动。

3. 增强体质，减少剩余脂肪。

成人参加一场激烈的足球比赛要消耗6000多千卡的热量；6～7岁儿童在剧烈的足球游戏中所消耗的热量是静坐时的20倍以上，所以足球运动能让孩子在快乐的游戏中消耗多余的脂肪。

4. 促进心理健康，培养良好品质。

孩子在参与足球运动中，可通过疾跑猛追、大力射门、高声呼喊等多种方式来宣泄郁闷、烦躁等不良情绪；而同伴的掌声、呼喊、赞许和鼓励又会给孩子带来自信和自尊，有利于促进孩子的心理健康。足球是一个集体项目，集体配合十分严密。在足球训练中，能培养孩子的集体观念、组织性、纪律性，还能培养孩子勇敢、顽强、果断和善于适应的好品质。

我的孩子适合学少儿足球吗？

少儿足球对孩子的身心全面发展很有益处，身体发育正常的孩子都可以学习。但父母普遍认为踢足球，孩子很容易因抢球发生冲撞导致受伤。其实，初级阶段的学习，在教练的正确指导下，一般不会发生伤害事故。课余时间，孩子玩足球游戏时，父母可提醒孩子注意安全，不要恶意冲撞。

几岁开始学合适？

6～9岁是孩子开始学习少儿足球的合适年龄。在这个阶段重点是培养孩子的球感，并锻炼灵敏、速度和跑的能力，提高孩子的全面身体素质。

支付合理课费

少儿足球培训，主要是培养孩子对足球运动的兴趣，熟悉球感和控球基本能力，学习运、传、接、射等技术动作，了解足球比赛规则，领会足球比赛的基本战术思想，发展身体动作的柔韧、协调和平衡素质。

少儿足球培训班一般分常年班和假期

班。常年班每周训练两到三次课，训练较为系统。学员多为经过短期培训后挑选的学员。每次训练课为90分钟至120分钟，中间有两次休息时间。

培训费一般按期收取，每月300～400元不等。针对寒、暑假的假期培训班常分初级、中级和高级班三个层次，集中授课，按不同级别收费不同，一般在350元左右。

爱上少儿足球好方法

1. 在游戏中激发兴趣。

大多数男孩子很爱玩足球，有些女孩子也不示弱。足球在前面滚，两三个孩子在后面你争我抢，本身就很有趣。不过为了让孩子保持兴趣，父母不妨抽时间和孩子一起玩一些投球游戏和射门游戏。如比一比谁运球好、停球好或射门好，让孩子感受足球运动的快乐。父母可以在室内或室外的墙上贴或画上个"球门"，然后和孩子一起比着练射门，谁进门的次数多谁赢。还可以把球装在网袋中，父母手拎网袋，让球稍离地面，让孩子试着原地或助跑几步练习踢球，单脚连续踢或两脚交替踢都可以，谁踢的次数多谁赢。另外，如果家周围有适合孩子集体玩球的场地，到了周末，可以帮孩子找来同学邻居，如果再有几位有牺牲精神的爸爸亲自上阵做陪练，那孩子们一定会越战越勇。对孩子来说，兴趣很重要，有了兴趣，入门也就不难了。

2. 和孩子一起看球、评球。

有人说，90分钟的足球比赛浓缩了人生的全部。绿茵场上，精彩的踢传、头顶、停控、盘运与拦抢等动作，小组和整体的对攻战术，让足球运动精彩纷呈。经常和孩子一起看足球比赛，现场也好，转播也

好，不仅能让孩子了解关于足球的基本常识，更能激发孩子对足球的热爱，体味足球的魅力。

教师的关键作用

1. 技术示范很重要。

少儿足球选练的技术动作不多，但要讲得简要、通俗，使孩子容易理解。示范动作可以在活动前，也可以在活动中。教练在讲述技术要领时，应不断提醒孩子看仔细，要结合孩子的能力，反复耐心地边讲边练，不要操之过急。应知应会的足球技能，尽量让孩子们都能掌握并运用。

2. 多组织些足球游戏，寓教于乐。

足球本身就是游戏，少儿足球尤其是

这样。在日常的训练中，要多组织些足球游戏或趣味性强的比赛，比如正脚背踢远比赛，两人一组的抢球比赛等，以提高孩子对足球的兴趣。让孩子们见到足球就有一种兴奋感，寓教于乐，才能适应儿童心理。

指导专家：

李群

北京什刹海体育运动学校培训二部主任。

邻家妈妈好经验

　　我儿子6岁半时，为了提高他的运动能力，给他报了一个少儿足球班。开始的时候，每次上课前小朋友们把手叠在一起喊："加油！"挺有气氛，儿子兴致也很高。上了一段时间，感觉儿子不像开始那么兴趣高涨了。我又不爱运动，怎么能调动孩子的积极性呢？我上网检索了很多有关足球的信息，发现足球是一项很古老的运动，关于足球的历史、球门、球网都有很多故事。我把这些故事下载下来，找有趣的讲给儿子听。比如"足球与橄榄球的故事"：1823年11月21日，发生了一件改变整个世界足球的具有历史意义的事。这天，一群学生在操场上踢球，一个叫威廉·韦布埃利斯的15岁男孩在比赛中抱着球跑，这个简单而平常的动作竟把足球世界分为两部分：允许用手持球走的成为了橄榄球，允许用脚踢、头顶的成为了足球。类似的故事，孩子特别爱听，还讲给他的小队友们听，就这样孩子又有了踢球的热情。有了这次成功经验，我有意地搜集一些球星的逸闻趣事，讲给孩子听。因为孩子学足球后，经常和爸爸一起看球，他有了最崇拜的偶像——小贝。于是，隔三差五我就帮他搜集小贝的招贴画、不干胶贴画和卡片等，现在他屋子的一面墙都贴满了，像个足球小世界。在这样的气氛里，他对学足球的热情一直很高。

参考信息

推荐网站　中国宋庆龄基金会－少儿足球项目 http://www.sclf.org/sezq

相关比赛　2002年至2006年，中国宋庆龄基金会与中国足协利用暑期联合举办了"全国少年足球优秀运动员训练营"，这一活动与中国足协所组织的U－15训练营有效衔接，意义非常重大。从2007年开始，为了进一步扩大影响力，中国宋庆龄基金会与中国足协共同主办了"畅享足球 健康成长——全国青少年足球邀请赛"，为更多热爱足球运动的孩子提供了展示自我的平台。

选修课24　　**短式网球**

　　短式网球就是微缩版的网球，使用的场地是标准网球场地的三分之一。除了器材和场地比正规的网球小外，规则没有什么不同。它的球拍、球以及场地设计都是专门针对5～11岁孩子的。短式网球起源于20世纪70年代后期的瑞典，以后在欧美各国流行甚广。1990年，国际草地网球协会正式认可并接纳这项运动为发展规划项目。1995年，国际网球联合会正式决定并颁发了短式网球推广计划，公认它是孩子训练的最理想方法。

短式网球学习早知道

学习短式网球的益处

1. 增强体质，提高协调性、爆发力和耐力。

短式网球有网球运动的全部内涵，它可以充分发挥儿童的柔韧性、协调性、感受性和模仿性强的特点，在玩中健身和掌握网球技术，训练协调性、爆发力和耐力，增强体质。

孩子学习短式网球，从小学就能会正确的击球方法。网球不单纯是用手和胳膊打球，更是用腰在打球，是靠腰的旋转带动大臂把球打出去的，这样打球不会觉得胳膊很累，也不用担心胳膊会练粗。只要掌握了正确的网球运动要领，网球运动能令人身材匀称健美。

2. 培养孩子的素养和规则意识。

网球是一种文明程度很好的运动，有很多的礼仪规则，比如要求球员不许赤膊，不许跨网，不许用脚踢球等。比赛也有各种规则，如比赛前先通过公平的方法选场地或发球权；比赛中要等对方准备好后再发球；比赛结束时，不管是赢是输，都要与对手握手等。教练在训练过程中会把这些规则逐渐渗透给孩子。所以，学网球的孩子都有很好的规则意识，即便是输了，流着眼泪也照样按照规则去和对手握手。

我的孩子适合学短式网球吗？

短式网球器材简单，便于掌握。孩子接受过短式网球训练后，能在短时间内规范地掌握网球技能，6～7岁的小孩子，已经能有模有样地挥拍击球了。将来若孩子有兴趣，能很快与正规网球接轨。

几岁开始学合适？

适合6岁以上孩子学习。尽管短式网球是根据孩子的生理特点开发的项目，但由于短式网球属于单侧性的运动，要注意全面锻炼，防止单侧发展，在练习的过程中，还要注意均衡、协调。

每次宜练习多长时间？

一般一节课在45～60分钟，包括给孩子讲解指导的时间。课下练习时，可根据孩子的体力和兴趣每次控制在30分钟左右。

学习短式网球需做的准备

学习短式网球，需要为孩子准备球拍和球。

球拍 短式网球的球拍与正规网球球拍形状和结构一样，但轻且小，有铝合金和碳素两种。球拍的长度一般分为47厘米、49厘米、55厘米和59厘米4种，重量在160～220克之间。选择球拍，需要根据孩子身高、年龄、手的大小、手腕的力量、性别等来选择，但一定要遵循"宁轻勿重"的原则。普通的一套短网球拍价钱在105元左右。

网球 短式网球有两种，一种是海绵球，重量极轻，适合于6岁以下孩子使用。另一种叫过渡球，类似于正规网球，但是尺寸小，球内压力小，打起来没有标准网球那么硬，适于力量小的孩子使用。

支付合理课费

各城市略有差别。北京480元／10次（每次2小时）。杭州一周一次为200元／月，一周两次为360元／月（每次2小时）。广州300元／10次（每次1小时）。

爱上短式网球好方法

陪孩子在游戏中"找感觉"。

在家里一般父母可以物色安全合适的场地陪孩子练颠球、拍球。上初级班的孩子，还不能很好掌握移动击球的动作，所以还不能要求孩子练习打球。但可以瞄着"甜点"给孩子喂球，是让孩子找到击球的感觉，找到"甜点"。

Tips 什么是甜点？

甜点又叫甜心，是指球和球拍接触的最佳点。甜点不是一个点，而是一个区域。甜点区域内有两个精确的点，一个是最佳手感点，一个是最强弹力点。另外，在球拍中心的上端还有一个点，球击在该点上拍弦振动很小，这个点称为最大减震点。总的来说，甜点就是指在击打来球时能给你提供最大力量，又能使你手感最舒服的一个区域。

邻家妈妈好经验

我儿子今年5岁，体质较弱，我想让儿子学网球锻炼锻炼。可上网征求意见，有妈妈回帖说：正规网球的球拍太重，孩子练习时手腕自然就会垂下来，不容易保持正确的姿势。而且，对于5～11岁的孩子来讲，学成人网球是在超出本身负荷的情况下进行训练，对孩子的身体成长不利，也会影响孩子今后在网球上的发展潜力，但可以让孩子学短式网球。还有几个妈妈回帖介绍了经验。其中一位妈妈，带孩子在北京天立网球培训中心学，离我家不远，约我周末跟带儿子过去参观。

回家后我跟儿子说了想带他学短式网球的想法，儿子不置可否。周末，我带儿子到了网球中心，看到同龄的小伙伴穿着好看的球衣生龙活虎地挥拍击球，儿子很受感染，说也想学。第二天，我带儿子报了名，购买了球拍和服装。一回到家里，儿子就双手平握着球拍，玩了起来。我们先比谁能让球不掉下来，接着比谁能连着颠球……还没正式上课，儿子已经对拍子、球有了亲近感。

教练非常有经验，嘱咐我开始不要急于求成，对动作要求太高，可以先带孩子拿着拍子和球自由玩游戏、找感觉。我干脆另买了球拍，和他爸爸轮流陪儿子玩网球游戏。爸爸还给他买了动漫系列片《网球王子》的光盘。儿子看了《网球王子》，想象着自己就是片子里的主人公，练习的积极性更高了，经常哼着主题歌拿拍子练球。周末，我经常替儿子约学球的小伙伴带着球拍一起去公园，和小伙伴拿着拍子、球玩闹游戏之间，既激发了练习兴趣，又起到了加强球感的作用。

参考信息

学习短式网球最好到专业的培训机构，目前全国各地都有国家体育总局网球运动管理中心认可的短式网球培训中心。在这些中心不仅可以正规地学习网球，而且有机会参加国家体育总局网球运动管理中心主办的短式网球晋级比赛。

四、孩子的其他才艺培养

（英语和数学逻辑思维）

必修课4　像学母语一样学英语 ▌

让孩子学习英语最重要原则是"尊重孩子的天性，尊重语言学习本身的规律。"孩子是天生语言学习家。如果在孩子的成长中没有接触其他语言，那么，他就会逐渐"锁定"在母语上。然而，正是由于成长中孩子的大脑具有很强的可塑性，如果在"锁定"之前，让他充分地接触另一种语言，那么，在相应的脑区中就会对两种语言（甚至更多种的语言）都起着同样的"成熟反应"。

在孩子的英语学习问题上，不少父母抱有很多的期待，给孩子提供各种条件，很小就让孩子学，但同时又存在种种担心，担心太早学以后就没兴趣了，担心占去孩子自由玩耍的时间等。

其实，这并不矛盾。学英语完全可以做到既让孩子感到其中的快乐，又在快乐中学到很多东西。在这个问题上，除了客观条件的因素以外，父母的指导思想起了很大的作用。在这里，我们需要考虑两个问题：一个是孩子，另一个是语言学习本身的规律。

首先，我们要充分尊重孩子的天性。如果我们以成人的看法、成人的方式来代替儿童本性的东西，孩子不仅学不好，还会感到痛苦，影响其他方面的学习和个性的发展。就像学钢琴、学画画一样，在儿童的语言学习中，最重要的要让孩子感到这是一种乐趣。

其次，儿童的语言学习有一种无意识学习或称内隐学习（implicit learning）。这就需要父母来创造环境、创造机会，让孩子自然地接触语言，在游戏和日常的活动中来接触语言。最重要的是通过各种灵活的方式，让孩子去大量接触语言材料。对孩子来说，多样性是很重要的，比如用各种图片、声音，利用讲故事或游戏等形式。

同时，我们也应该看到孩子天生的学习语言的能力，相信他的领悟能力。此外，如果你能够选择一些设计理念好的教材，不仅会让孩子有学语言的兴趣，还能提高孩子的认知能力。

（周晓林）

语言智能小测试

请父母根据以下表格中的项目，评价孩子的语言智能。方法是：评价孩子的表现符合下表中每一种描述的程度。其中：

1= 完全不符合，2= 基本不符合，3= 有些符合，4= 基本符合，5= 完全符合。

完成所有单项的评价后，把各项得分加起来，就得到了孩子在语言智能上的得分。

智能类别	观察项目	评		价		
语言智能	1. 别人说话时，能安静聆听	1	2	3	4	5
	2. 喜欢听故事	1	2	3	4	5
	3. 能用语言表达自己的意见	1	2	3	4	5
	4. 说话简要、善辩、有说服力或热情洋溢	1	2	3	4	5
	5. 能主动阅读图书	1	2	3	4	5
	6. 能自己编故事	1	2	3	4	5
	7. 喜欢改编他人的话或文学作品	1	2	3	4	5
	8. 喜欢模仿他人的声音和语言	1	2	3	4	5
	9. 喜欢文字游戏（猜谜语、造词句）	1	2	3	4	5
	10. 喜欢看公路上、公共设施上的标志符号	1	2	3	4	5
合　　计						

热点问答

Q1：要不要从小学外语？

A：1 岁以内婴儿可以分辨许多非母语语音，这其中有些是成人分辨不出来的。在 1 岁以后这种语音听辨的敏感性就开始明显地下降了。目前常说的语言发展敏感期，主要是从语音的角度来谈的。如果小孩子很小就接触外语环境，他的语音听辨和发音方面可能会很地道，像说母语那样非常准确、自然。这是早期英语学习的一个优势。

但如果英语环境并不自然，学习也不系统，那么即便早期学，也不见得有太大的效果。如果只是孤零零地让孩子背几个单词，唱几首歌，那是没有用的，因为那不能和孩子的生活结合在一起。早期英语学习可能会培养儿童对英语兴趣，但具体所学的知识（如词汇、句型等）却有可能很快被忘记。问题的关键是早期英语学习应该是连贯的、有系统的。

孩子最喜欢学的是在他的环境里，对他有用的、能够供他交流的东西，所以，早期英语学习要注意生活化、实用化。有的幼儿英语班教给孩子一些孤零零的单词，有些还是一些生僻的英语单词，孩子可能会机械地记忆这些单词，但是它们没有和孩子的生活结合在一切，那么这就不是在学习语言，而只是学习一种发音动作。孩子可能现在说得很好，但是过不久他就会忘掉，因为这些词没有用。

（陈萍）

Q2：英语学习是否存在一个敏感期的问题？

A：的确存在语言的敏感期，但不代表过了敏感期就学不好外语。

一般来说，儿童在 12 岁之前对语言的学习更加敏感。但这并不代表 12 岁以后就不能学。

这里，关键是语言经验问题。也就是说，如果语言的经验丰富，而且有适当的环境，12 岁之前每个正常的孩子都能学得很好。比如，很多孩子到了英语国家，用不了多久英语就说得很地道。

至于 12 岁以后呢，由于孩子的大脑发育相对成熟了，对于语言的加工，大脑有了固定的模式。此时，如果让同样的脑区来适应第二种语言就会困难一些。但也能学得很好，特别是在现在，各种条件环境都很好。只不过，这里面个体差异会大一些。

（周晓林）

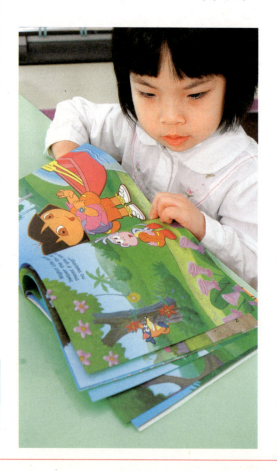

Q3：多给孩子听各种英语磁带、看英语电视节目，孩子的英语水平就能自然提高吗？

A：语言发展包含两个方面：听懂和会说。一般来说，听得懂是会说的基础。所以，在儿童语言发展过程中给他提供丰富的语言听觉经验是非常重要的。父母给孩子听有趣的英语动画电影录音、英语歌曲等等，能让孩子习惯于正确的发音，这是非常重要的。在生活当中反复呈现孩子曾经看过和听过的内容，让孩子自然地接受它们。

但仅凭听儿童并不能真正学会一种新的语言。父母还需要关注一个重要环节：互动，这在幼儿外语学习中是必不可少的。孩子不是只要得到了足够的听力刺激（如听各种录音磁带、看电视节目）就能自然地获得语言了。这是因为语言的获得需要在一种互动的状态中，而不是在单向、被动的状态里进行。也就是说要让孩子在生活化的场景中学习英语。比如在画图、吃饭、游戏时经常使用提示性的英语，特别是在孩子感兴趣的方面多使用英语，当孩子觉得用这种语言可以更好地和你玩某些游戏时，就可以迅速提高孩子的学习效率。只有在互动中，孩子才能真正成为学习的主体，孩子才有学习英语的内在动力。

（陈萍）

Q4：两种语言会不会相互干扰？

A：一般的研究发现，双语环境下的孩子最初的语言表达能力比单语言环境下的孩子要差些，但是这个差异会随着年龄增长而迅速缩小以至消失。这里所说的双语环境通常是家庭内和家庭外的语言环境不同，比如移民家庭的儿童就常面临这种双语环境的情况。而目前我国儿童早期英语学习还不能算严格意义上的双语环境，汉语仍然是儿童的优势语言，英语只占非常次要的、从属的地位，二者之间的干扰作用应该是很小的。

表达能力只是语言能力的一个方面，最核心的还是对语言的理解能力，在理解的基础上就可能进行表达。在双语环境下，孩子在语言理解上一般没有问题。他可能说话迟，但他能理解你说的意思，一旦他们开始用新的语言来表达，他们的词汇和句子都会激增，比在单语言环境下的孩子发展水平一点都不差。

传媒上曾报道过个别极端的例子，似乎表明早期多样化的语言环境会给儿童造成严重的困扰。但是因为是未经证实的报道，而且所涉及的情形过于极端（母亲、父亲和祖辈分别对孩子说不同的语言），因此不能用来说明我们这个问题。

（陈萍）

Q5：外教和中国的英语老师，选谁好？

A：首先，幼儿英语老师应该具有幼儿老师的一些基本素质：喜爱孩子、乐意与幼儿相处、懂得幼儿的心理和动作语言、善于组织游戏，并能够以生动活泼的游戏活动来吸引孩子的注意。其次，他应该具有较强的英语交流能力，并能够用标准的发音、规范的语法和地道的用法来跟孩子讲英语，创造一个生动活泼丰富的英语环境。如果熟悉大量英语儿歌、绕口令、简单的韵律诗歌，则更理想。而外教和中教的特点是，前者语音纯正，用法更规范、自然，拥有丰富的英语语言于文化的资源；而后者通常受过正规的幼儿师范教育，在与幼儿的交流上可能会更占优势。至于其他方面的特点很难一概而论。选择什么样的英语教师，要从教学效果出发来考虑，具体情况具体分析。

（陈萍）

选修课25　　英语 ▮

　　"掌握了英语可以让孩子开阔眼界，更好地与人交流，了解外面的世界。而且，孩子今后选择与被选择的机会也会更多。""当然是抓紧时间早点学好，等过了学语言的关键期再学就困难了，就跟不上别人了。"妈妈们心里有很大的焦虑，于是在幼儿园各种兴趣班中，会毫不犹豫地为孩子选择英语兴趣班。关于学英语，关键的问题不在于学不学，而在于怎么学。

几岁开始学英语合适?

中科院心理所著名心理学家茅于燕教授在一所幼儿园做了持续 5 年的英语教学实验,实验得出的结论认为:2 岁半开始比较好。但是她也同时强调除了年龄以外,学外语还有许多问题要考虑呢! 比如要考虑学习条件制约的问题。这里所说的条件,分教学条件和孩子自身的条件。有些幼儿园的英语教学条件相对较弱,让孩子 3 岁开始学也不算晚。另外,每个孩子的先天禀赋、性格特点、家庭语言环境和父母的期望等情况不一样,也会使最佳起始年龄适当推迟或提前。

爱上英语好方法

1. 回溯宝宝学习母语的过程,寻找学习英语的秘诀。

情景 面对新生的小宝宝,父母通常会边护理边说:"来,喝口水。""呀,尿湿了。""瞧,这是红色的。"不管他懂不懂,你都重复。然而正是这种和情景、动作完全一致的语言和重复,在帮孩子建立起语言的意义。

宽容 过了些时候,孩子开始咿呀回应了。你会很高兴,绝不会说他说错了,回报他的是更多的"唠叨",他也在这个咿咿呀呀的过程中练习了对发音的控制。

先听懂 再后来,他用动作来表示他听懂了你的语言,而且他的"婴语"也更长了,出现了和抚养人相似的语音和语调,只是你还听不懂。这时候你也会很高兴,回报他的是更加有意识地教语言:句子短短的,并不断强调地重复其中的一两个关键词。当然,孩子可能根本不去模仿你,你也并不在意。

后会说 也许突然有一天,在他饥饿而又看不见你的时候大叫:"妈——"

交流有效 这时你会怎么办?欣喜若狂地抱起他来:"宝宝会说话啦!"你的行动告诉宝宝:语言更有效!这使孩子更愿意和你"语言交流"。大概只要 2～3 年,孩子就能够和你流畅地对话了!

你是否也能够和孩子一起像这样走过学英语的道路呢?

（徐凡）

2. 与孩子和老师保持良好的交流,为孩子的学习兴趣加分。

父母在给孩子报名时,要了解师资的情况,选择适合孩子的教师。孩子进入新环境时都比较怕生,在孩子上课之前,应提前让孩子了解他将要去什么地方上什么课,会遇到哪些新朋友等,做好心理准备。

在课程中,妈妈们也许不能经常看到孩子在课堂上的表现,但应尽可能多和老师沟通,询问孩子最近一个阶段的表现,与老师交流孩子在家中的情况和变化,这样妈妈和老师都能够比较全面地了解和把握孩子学习的情况。

课后,妈妈应注意观察孩子的变化。当孩子在某个阶段兴趣降低时,妈妈应及时与老师沟通,请老师和自己一起帮助孩子、鼓励孩子,不要让孩子掉队。

3. 出错时要给予孩子更多的宽容。

当孩子在家中高兴地展示新学的成果时,爸爸妈妈们要认真聆听。若孩子发音不准或出错了,要宽容地对待。例如孩子说错了的时候,不直接批评他,而是重复正确的说法,这样既给了他学习的机会,又不会挫伤他说英语的积极性。爸爸妈妈还可以让孩子来当老师教英语,孩子常会干劲十足。

4. 陪伴和鼓励孩子前进。

英语水平较好的父母可以按照教学进度对孩子进行辅导,看看孩子的作业情况,陪伴孩子阅读更多的小故事,看看英文卡通片，鼓励孩子模仿片中人物的话语。对于没有条件辅导的父母，可以提醒孩子复习，问问孩子是否完成了老师所留的作业，鼓励孩子多听、多看和多阅读。父母还可以根据孩子的能力带孩子去参加相应的英语比赛，比赛时小朋友之间取长补短，往往会进一步激发孩子学习英语的兴趣。

Tips 看一看，您的孩子是否适合早学外语？

● 孩子学母语顺利吗？

● 孩子是不是很早就有学习意识，在语言方面是否爱模仿、爱探究，有很强的好奇心？

● 家里有没有人外语比较好？生活中是否有说外语的氛围？家里人是否看原版影碟等外语资料？

如果您对以上问题的回答是"是"，那么就可以让孩子早点学外语。

快乐成长 主动学习

我从来不考孩子英语，我觉得"考"就是给孩子压力，这么小的孩子我希望她快乐地成长。但是当孩子突然问我："妈妈，飞机用英语怎么说？"我会马上告诉她；如果这个词我忘了或者不知道，我会说："妈妈不知道，让我们一起来查好吗？"然后和孩子一起翻开字典查出这个词。当孩子主动提问的时候，如果不告诉她，孩子会失去一次学习的机会。

和孩子一块玩，在游戏中学习

英语学习的方式方法很重要，若逼孩

邻家妈妈好经验

子背单词，孩子往往越学越厌恶，而且根本谈不上以后能应用。可以和孩子玩一些简单的游戏，让他们觉得英语好玩又不难。如让孩子用英文"认识自己的身体"。准备一张和孩子差不多大的纸。妈妈按照孩子的身材画好一个轮廓挂在墙上，再用彩笔把眼睛、鼻子、嘴、手等画出来，如果孩子能画，也可以让孩子自己画。每画一个部位就告诉他相对应的英语单词，然后问孩子身体各个部分分别在哪里，让孩子用英语回答。

幼儿英语教育概况早知道

英语师资

一个优秀的幼儿英语教师，不仅应该具有过硬的专业知识，还要具有丰富的幼儿教育经验。父母在试听课时要观察的是老师是否尽力做到让孩子接受自己，是否能用最简单的英语和动作与孩子交流，上课是否充满热情并照顾到班里大多数孩子。一些知名的大型培训机构，他们的师资一般都经过严格把关，层层筛选，比较有保障。

国内英语培训机构

全国各大城市有无数的大小规模不等的培训机构，常见的培训课程如下：

常见的培训课程	一般使用教材	教材种类	教材费用	招生年龄	时间	应用机构名称
英文套餐课程	主体英文教材《Super Tots》	原版引进	88元/级	1.5~4岁	2.5小时/次	北京巨人学校幼教中心
	《经典英文歌曲歌谣》					
	《手工绘画》					
剑桥Playway国际儿童英语课程	《Playway to English》	原版引进	108元/级	4~7岁	1.5小时/次	北京巨人学校幼教中心等培训机构
朗文幼儿英语	《朗文幼儿英语》	原版引进改编	30元/级	3~5岁	110分钟/次	北京新东方学校
阶梯英语	《阶梯英语》系列	台湾	5800元/套	3~12岁		《阶梯英语》机构

各大培训机构都有幼儿英语培训这一项，大多有完整的培训体系，能够制定出适合幼儿的培训课程。幼儿英语课程的人数不宜过多，课程时间不宜过长，10人以下、1.5小时的小班对于幼儿来说比较好。目前，也出现了以综合发展幼儿的语言、音乐、运动、人际和自然观察智能英语特色套餐课程，把幼儿英语、幼儿律动、手工绘画结合在一起，时间相对较长。品牌知名度高的各大培训机构硬件条件都比较好，能让孩子在优美的环境中享受学习的乐趣。

小规模的幼儿培训机构一般都联合幼儿园开设英语课程。国内

各大幼儿园都开设了幼儿英语课程，使用的英语教材不统一。幼儿园开设英语课程一般有两种形式：园方自聘专职英语教师或与培训学校合作。幼儿园的课内英语课程每次半小时以内，多数班在30人左右。幼儿园的课外英语兴趣班一般是合作办班，每班人数较多，教学效果不十分明显。也有一些高端幼儿园，聘请的是有专业外语教育经验的教师，小班，教学效果好，但收费却较高。

常见的其他视听材料：

适合年龄	视听材料	费用	教材种类
0～14岁	《迪士尼神奇英语》	128元/套	原版引进
2～8岁	《DORA THE EXPLORER》	约120元/集	原版引进
2～8岁	《洪恩幼儿英语》	39元/级	原创
3～5岁	《Picture Dictionary》朗文儿童图解字典	188元	原版引进
3～6岁	《Parachutes》（降落伞英语）	40元/级	原版引进
3～6岁	美乐蒂《阳光幼儿英语》	128元/级	台湾
3～7岁	《清华幼儿英语》	60元/级	原创
3～8岁	《机灵狗故事乐园》	159元/级	原版引进
3～12岁	《小袋鼠英语》	68元/套	原创
3～14岁	《小蜜蜂英语》	128元/套	原创
4～12岁	《PINGU学英语》	58元/套	原版引进改编

执笔：

成君霞

北京巨人学校副校长，清华大学毕业。从事英语教育工作15年，领导研发了北京巨人学校的幼儿中文和英语的教学课程体系，教学效果良好，深受广大父母好评。

彭丽

北京巨人学校幼教部教研主管，师资培训官，金牌教师。

参考信息

相关网站 巨人幼教网 http://bb.juren.com

蓝袋鼠 http://www.landaishu.com/home/index.asp

小书房 http://dreamkidland.cn

必修课5

7岁前，数学启蒙的 3大原则 ▎

学龄前的孩子到底要不要学数学？幼儿园阶段应该让孩子接触一些数学，但这个接触绝对是感性的启蒙教育。这个启蒙教育重点在3个方面。

　　第一， 让孩子感到数学好玩、有兴趣。比如，让孩子认识三角形，可以启发他到身边的事物中寻找，那种注重知识灌输的数学教育，特别是将小学数学内容不加修改地下放到幼儿园阶段的做法，只会让孩子厌恶甚至恐惧数学，是典型的得不偿失的做法。

　　第二， 让孩子感知数学就在生活当中。让孩子有一种感觉，数也好，形也好，都在我们的日常生活当中，都在他的周围。看看妈妈的鞋子是多少码的，看看现在几点钟了，今天礼拜几，电视频道是多少，乘坐几路公共汽车……当他在书本上接触抽象的数字的时候，能够马上想到生活当中的例子。这种美好的感觉对他今后的学习很有用。他带着这种感觉上小学接受正式的数学教学的时候，他的基础绝对比给他做很多的题好得多。

　　第三， 感知关系。应该让孩子感知到数与数、形与形、数与形之间，是有关系的。比如，玩积木的时候，给孩子几个直角三角形，拼起来就变成正方形了，这就让他感到三角形和正方形是有关系的。

　　又比如，先让他画 4 个圆圈，再在下面画 3 个圆圈，让他比较两排之间的关系。他会感到 4 个比 3 个多。

　　让孩子在玩中感觉数量的变化，在体验中得到启蒙，让孩子在玩的过程中寻找各种关系，是学龄前孩子数学学习的关键。

受访专家：

张梅玲

中国科学院心理研究所研究员，博士生导师，享受政府特殊津贴的专家。从 1960 年开始从事儿童思维研究工作。

（采写/秋　辰）

数学智能小测试

请父母评价孩子的表现符合下表中每一种描述的程度。其中：

1＝完全不符合，2＝基本不符合，3＝有些符合，4＝基本符合，5＝完全符合。

完成所有单项的评价后，把各项得分加起来，就得到了孩子在逻辑－数学智能上的得分。

也可以把这个表格复制一下，由父亲、母亲或其他家庭成员分别填写，然后交流评价时的具体依据。

智能类别	观察项目	评　价				
逻辑－数学智能	1. 能说出物体的异同	1	2	3	4	5
	2. 经常指出逻辑缺陷	1	2	3	4	5
	3. 喜欢听有关侦探、科学方面的故事	1	2	3	4	5
	4. 能自行操作益智教具（拼图、分类图）	1	2	3	4	5
	5. 喜欢使用电子计算机、手机等资讯产品	1	2	3	4	5
	6. 遇到问题尝试着用多种方法解决	1	2	3	4	5
	7. 会操作时钟和说出正确时间	1	2	3	4	5
	8. 能进行0～9的分解与组合	1	2	3	4	5
	9. 对因果关系感兴趣	1	2	3	4	5
	10. 喜欢从事有关数字、数学的游戏	1	2	3	4	5
合　计						

热点问答

Q1：学习珠心算的利与弊是什么？到底要不要让孩子学呢？

近几年，出现了不少珠心算的培训机构，他们告诉父母：学习珠心算不但可以培养孩子的心算能力，还可以促进孩子情商发展，即提高孩子的自制力、注意力，能促进儿童智力的发展。如果你亲眼见过前面描述的那种场景，也许你也会怦然心动，想让自己的宝贝也那样聪明。但是经过一段时间的实践，很多妈妈反映：学习过珠心算的孩子上小学，孩子的计算和思维方式转不过来，数学课很不适应。那么到底要不要让孩子学呢？

A：珠心算，是要求计算者把打算盘的手指操作内化，通过想象算盘珠的变化来实现的一种快速心算的技能。作为一种技能，它的好处显而易见：加减乘除，迅速知道答案，那些经过强化训练的优秀者，算得比按计算器还快。

那么，孩子适不适合学？首先要看掌握这项技能，对人的能力有哪些要求：

1. **理解数量对应关系** 不仅理解算盘下面部分珠子数量和数值的一一对应关系，还要理解算盘上面部分珠子的数量和数值之间的一五对应关系，另外还要理解数的进位关系等等。

2. **熟记口诀** 有过打算盘经验的成人会知道，算盘打得快，要靠口诀记得好。在口诀的帮助下，复杂的计算变成了简单的手指操作，因此打算盘从结果来看虽然是个计算过程，但打算盘的人并不是真的在算，而是一个"见数－看珠－背诀－动指"的过程。现在也有人将珠心算的算法进行改进，认为不需要背口诀，但无论如何，学习者是需要记住拨动算盘的基本规则的。

3. **高度表象操作** 计算者要对算盘有清晰的表象记忆，并对头脑中的算盘进行表象操作。为保证计算的精准，这种表象操作，不同于自由想象，被口诀严格控制，没有任意性。

4. **专心** 表象的操作，须将注意力高度集中。

一般来说，"艺不压身"，掌握了快速计算的技能，对生活肯定会有帮助。对于孩子来说，掌握一种算法，最好也伴随着掌握这种算法背后的数理逻辑关系，反之，这种技能不仅可能失去它的应用基础，反而成为进一步学习的障碍。

另外，孩子的心智成长，需要丰富体验的滋养。当孩子还没有具备基本能力要求时，艰苦的学习过程可能会占据孩子相当多的时间，得失的权衡，更多需要父母把握。

基本的建议是：如果孩子喜欢，当孩子能够理解加减关系时，可以学习珠心算的加减；能够理解乘除关系时，可以学习珠心算的乘除。不要把顺序倒置。

(徐凡)

Q2：很多孩子做计算题的时候喜欢掰手指计算，这种习惯好不好？

A：有些孩子在抽象思维形成前或发展当中会借助手指作为计算工具，但并不是每个孩子都会经过这个阶段，也无所谓好还是不好。

但是，如果孩子总也摆脱不了这个工具就不太好了，会影响到他的抽象思维的发展，这时就要引导。比如"3 + 4= "，很多孩子会伸出左手比个 3，再伸出右手比个 4，然后从左到右点数。如前所述，这时他并没有开始真正意义上的计算，还在数数阶段。这时，父母可以慢慢引导他走向半表象思维：先把3记在脑子里，再加上右手的4，数一数，4、5、6、7，得出结论。慢慢地，两只手都不用，只是变成表象在头脑中计算。这是一个发展的过程。

另外，父母要懂得，有的时候等待也是一种教育。随着年龄的提高，也许以后即使你要求孩子掰手指算，他也不会这样了。孩子的成长需要他去亲身体验，需要等待。

（张梅玲）

Q3：对学龄前的孩子的智力发展而言，父母应该扮演什么样的角色？

A：这里有一个原则，父母不做老师的助教，要做老师做不到的事。每个孩子都是独立的个体。同样是数学，有的孩子喜欢，有的就非常不喜欢。孩子的思维发展水平也是不一样的，有的孩子算数离不开手，有的很早就可以进行抽象计算。而我们目前的现实是，老师要面对几十个小朋友，上同样的课。

所以，父母不能认为"老师在课堂上讲不明白的我回家再讲一遍"。有的孩子学得挺好的，课堂上教授的内容根本满足不了他，这时父母可以给他难一点的内容——如果你不给他难一点的，他可能对数学就没有兴趣了。当然也有个别孩子跟不上班里的进度，父母可以把幼儿园教的内容，通过做游戏的方式让孩子理解；如果幼儿园的教法有问题，孩子感到枯燥，父母在家里就应该想办法提高孩子的兴趣。

另外，要视情况对孩子进行一些思维上的训练。很多幼儿园的教学比较简化，能够训练思维的方法很少。父母可以在生活中让孩子体会一些数与量的关系，另外让孩子寻找生活当中的数学，让他从小就感觉到数学是生活的一部分。

（张梅玲）

选修课26　　数学逻辑思维 ▌

目前，"逻辑思维""蒙氏数学""全脑数学""左右脑数学"等以数学思维训练为目的的兴趣班，种类繁多，颇受父母关注。其中，一些知名品牌的教育培训机构教学理念清晰，能够根据孩子学习数学的规律，研发和设置课程，教学方法生动，但也有不少质量不高的培训机构，课程设置违背孩子学习数学的规律，脱离生活让孩子学一些抽象的数字和概念，不利于孩子的数学思维的培养。

提高孩子的数学能力，培养数学思维远不止让孩子学会数数、学会计算和多做些题那么简单。什么时候学、学什么、怎么学都有很多奥妙。只有父母把握住7岁前数学启蒙的重要原则，明白了最该避免的误区，才能甄别教学方法的优劣，并在生活中发现数学启蒙的入口。

数学早教最该避免的3大误区

一个简单的 3 ＋ 4，4 个孩子都答对了等于 7，却可能有不同的思维水平。总体来说，幼儿园阶段的孩子基本的思维水平处在从动作思维转向形象思维的阶段，思维的抽象水平很低。很多父母仓促上路，教孩子抽象的数学，走入了误区。

误区1. 能数数、会计算，就是数学能力强。

很多父母都会认为孩子能数数，会计算，就是聪明、数学学得好。但其实这些并不能反映孩子真实的数学水平。也许他可以一口气从 1 数到 100，但是如果让他从一把糖里拿出 2 个来，他未必能拿对。数数对他来讲，就是念歌谣，数字的含义，他未必知道。他未必懂得，糖的颗数和某个数字是对应的。所以，学龄前阶段的数学启蒙，不应该脱离生活学一些抽象的数字和概念，原因是抽象的数学和孩子思维发展水平不吻合。

误区2. 学数学，越早越好。

对孩子而言，系统地学习数学的最好年龄应该在 6 ～ 7 岁，甚至 7 ～ 8 岁以后。从某种意义上说，数学是符号的艺术，是抽象的科学。而学龄前的孩子，基本上处在从动作思维转向形象思维的阶段，这个时候学习一般意义的"抽象"数学，是事倍功半的。也许这时花两天时间才能学会的东西，等他大一点后花 2 个小时就能学会。

误区3. 做题越多，提高越大。

很多父母都认为让孩子做 10 道题肯定会比做 2 道题好，其实是对题本身的功能考虑得不多。题的功能除了体现在知识方面，还应该有思维的成分、兴趣的因素等等。

像 "1 ＋ 1、1 ＋ 2" 这样的题，孩子已经会做了，如果还老出给他，孩子就会腻烦，求知欲就会下降，使得很多孩子还没有正式接触到数学就已经不喜欢数学，甚至讨厌数学了。所以，在出题的时候，容易的题出多少，难的题出多少，都要考虑。有些题太熟悉了就不要给孩子做了。

另外，一些父母认为数学就是做题，总是反复让孩子计算 3 ＋ 5、6 ＋ 7 什么的，孩子很不喜欢。其实，如果用游戏的方式，比如玩 10 以内的扑克牌游戏，孩子一般会很喜欢，在快乐的游戏中，不知不觉就得到了练习。

（张梅玲）

爱上数学好方法

怎样才能让孩子亲近数学、爱上思考？其实，答案非常简单，如果他觉得数学就在身边、思考是件非常好玩的事，自然就会喜欢了。并非只有坐在教室里，一板一眼地做题才能学会思考。启蒙，往往就在生活当中、在孩子喜欢的游戏当中。下面提示 6 条生活中孩子亲近数学的通道。

1. 进厨房。

厨房就是一个非常好的"教室"。你从超市买了各种蔬菜、水果，让孩子和你一起整理。你可以要求他按种类、颜色、形状，甚至冷热分类，这对他非常有好处。

好了，准备做饭了，看看我们都要做什么：用瓢（这可算是个度量工具）量取米面、调整微波炉的时间和看菜谱。别忘了让他参与进来。

开饭了！告诉孩子你们一共用了多长时间准备这顿饭。哦，问问他："亲爱的，你要多大的烙饼，是一半，三分之一，还是四分之一……"即使他远没有开始学习分数的概念。

2. 玩转书房。

书房里最多的可就是纸了。和孩子玩玩撕纸条的游戏，然后让孩子观察比较，把一样长，或者一个颜色的纸条配成一对。再给纸条排排队，排列的时候一头对齐，排完了数一数这一排有几条，让孩子指出最短的是哪一条，最长的一条又在哪里。

孩子最喜欢说儿歌和听故事了。给他讲讲《老公公和小猴子》的故事，念一念《一只青蛙四条腿》的歌谣，道理就蕴涵在故事和歌谣中，孩子在笑声中自然理解了其中的数量关系。

有空时，和孩子下下棋吧，让他数数：自己拿了几个棋子？妈妈又有几个？他拿够了吗？不够还要拿几个？

3. 逛超市。

去超市即使不买东西，也可以有收获。带他看他感兴趣的货品的标价，让他比较一下，什么东西价格最贵，而什么最便宜。让他比较不同包装袋的大小和物品的颜色、触感。"给妈妈找出红色的小机器人。"你看，他还可以学到二级分类。

东西拿齐了，好，该算账了。他就能接触到一件东西 1 元，那买两件该付多少？各种物品加起来总共又该付多少钱？同样是糖果，一个打折一个不打折，选择这一个可以节省多少打折的钱？

4. 出行啦。

带孩子外出，让孩子估计去公园的路程和去学校的路程的长短。路上，他也会看到不同颜色的车，以及不同的车牌号码。当然，你还可以和他玩记车牌号码的游戏，看看谁的数字记忆力更好些。

5. 做家务。

不要小看了让孩子帮着收袜子，这需要他进行颜色、大小的配对。往洗衣机里加洗衣粉的时候，也不要忘了告诉他："上一次我们只加了一勺，而这次我们要加两勺，因为这次的衣服是上次的两倍多。"让他帮着分发筷子，这也需要他知道有多少人吃饭，并感觉一人一筷的一一对应的关系。最后，别忘了让他过半个小时叫爸爸吃饭——这需要他会看钟表和推算时间。

6. 做游戏。

和孩子玩个游戏让他动起来吧，他肯定乐疯了！很多游戏都可以让孩子接触数量。比如，拍手一下、拍肩膀三下、拍屁股八下……孩子一定记忆深刻。

用触觉来做个游戏吧，给他找个袋子，里面装一些他喜欢的玩具，现在下达指令："摸两个玻璃小狗出来。"他一定非常乐意。

（申艳）

参考信息

推荐图书

（英）文迪·克莱姆森 等著《我身边的数学》之《运动明星》 明天出版社

梁志燊 主编
《家庭中的蒙特梭利教育数学素质培养》
第二军医大学出版社出版

图书在版编目（CIP）数据

最热的26种宝贝才艺培养全书／徐凡 主编；贺大钧等编 .—北京：北京出版社，2008.1

（《父母必读》杂志养育系列图书）

ISBN 978-7-200-06997-6

I. 最… II.①徐…②贺… III.儿童—能力培养 IV.G61

中国版本图书馆CIP数据核字（2007）第168739号

选题策划：李奕

责任编辑：李奕

封面设计：施军　版式设计：施军 权五民

责任印制：王雪

《父母必读》杂志养育系列图书

最热的26种宝贝才艺培养全书
——0岁起步的才艺培养实用指南

ZUI RE DE 26 ZHONG BAOBEI CAIYI PEIYANG QUANSHU

主编　徐凡

出版／北京出版社出版集团

北京出版社

地址／北京·北三环中路6号

邮编／100011

网址／www.bphg.com.cn

发行／北京出版社出版集团

经销／新华书店

印制／三河市华新科达彩色印刷有限公司印刷

版次／2008年3月第1版第1次印刷

开本／169×242　1/16

印张／12.5

印数／1—20 000

书号／ISBN 978-7-200-06997-6／G·3513

定价：26.00元

质量投诉电话／010-58572393